아주 쉬운 단위놀이 한마당 1

- 길이
- 넓이
- 부피 / 들이

차례

길이 · 5쪽

밀리미터 mm

센티미터 cm

미터 m

킬로미터 km

―――――――――
치, 뼘, 자, 길

넓이 · 33쪽

제곱센티미터 cm^2

제곱미터 m^2

제곱킬로미터 km^2

―――――――――
아르(a), 헥타르(ha)

부피 / 들이 · 59쪽

세제곱센티미터 **cm³**

세제곱미터 **m³**

밀리리터 **mL**

데시리터 **dL**

리터 **L**

홉, 되, 말, 섬

단위란?

단위란 언제 어디서든 누가 측정해도 똑같은 값이 나오도록 공통의 기준을 만든 세계적인 약속입니다.

mm
밀리미터

mm(밀리미터)를 알아봅시다.

mm(밀리미터)는 작은 생물의 크기나 강수량 등을 나타낼 때 주로 사용합니다.

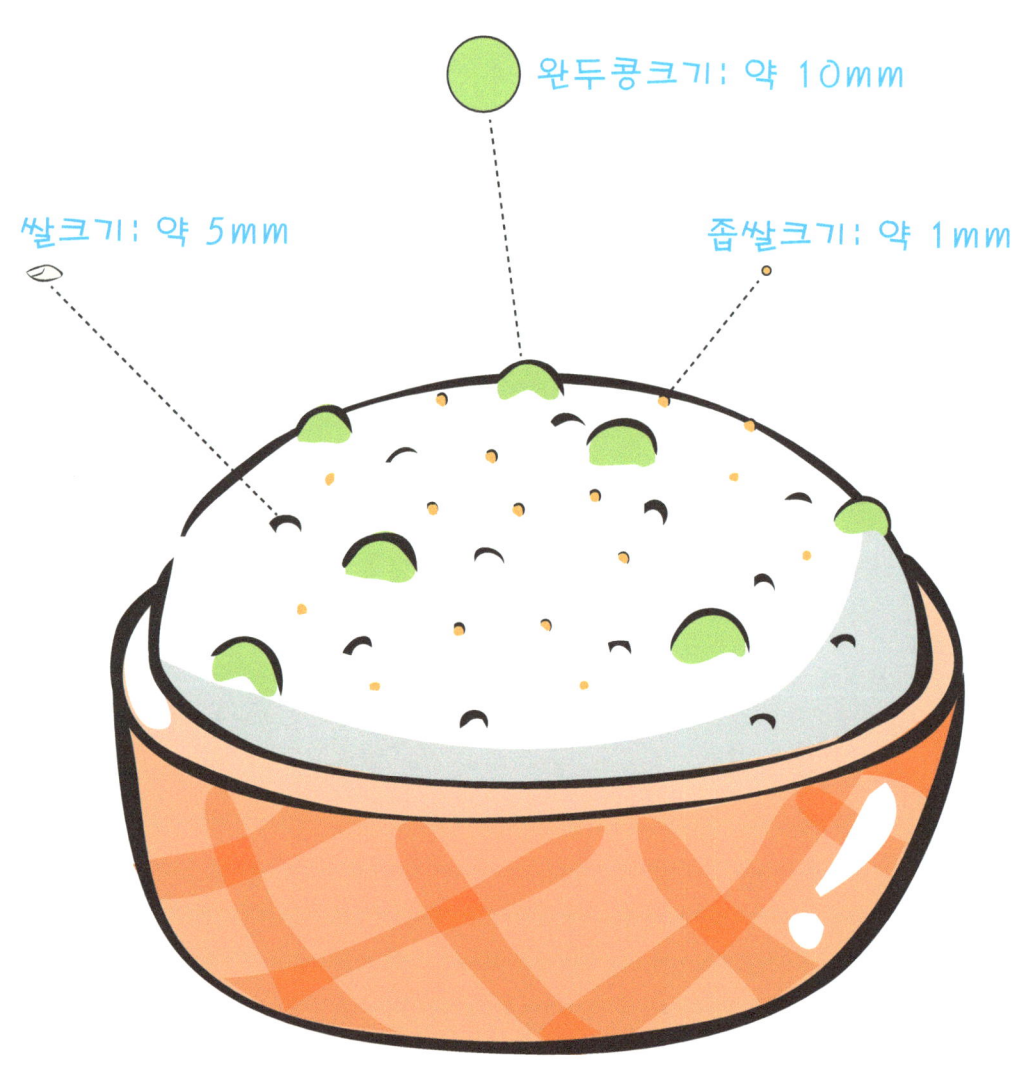

완두콩크기: 약 10mm
쌀크기: 약 5mm
좁쌀크기: 약 1mm

mm
밀리미터

mm(밀리미터)를 알아봅시다.

- 크기가 5mm인 쇠구슬입니다.

- 크기가 10mm인 유리구슬입니다.

cm
센티미터

cm(센티미터)를 알아봅시다.

cm(센티미터)는 mm(밀리미터)보다 큰 단위입니다.

1cm ——  개미: 약 1cm

10cm ———————————— 잠자리: 약 10cm

cm
센티미터

cm(센티미터)를 알아봅시다.

전체 길이가 20cm인 자입니다.

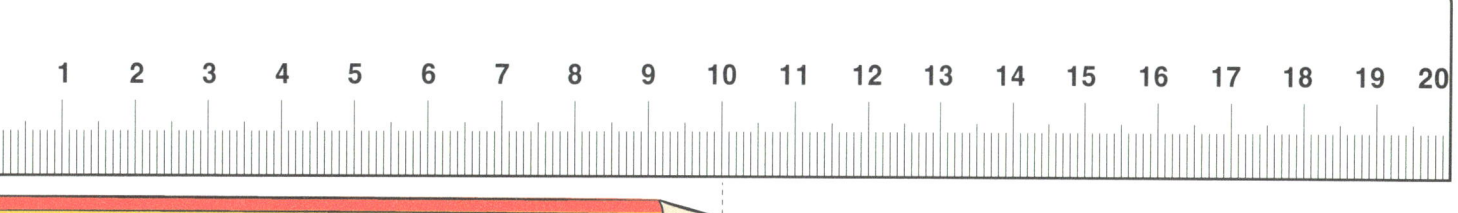

연필 길이가 10cm입니다.

m
미터

m(미터)를 알아봅시다.

m(미터)는
cm(센티미터)보다
큰 단위입니다.

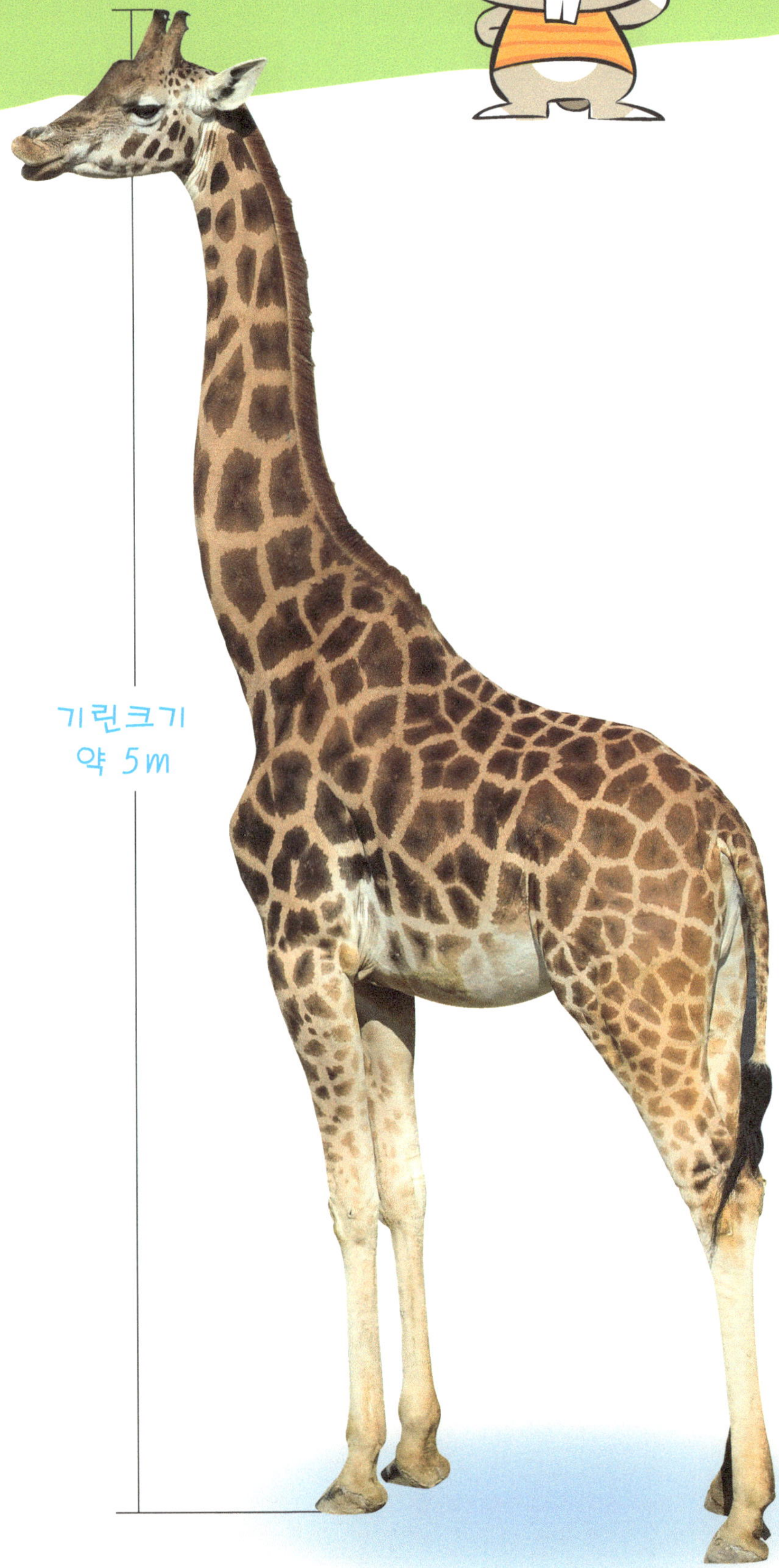

기린크기
약 5m

펭귄크기
약 1m

cm
센티미터

cm(센티미터)를 알아봅시다.

전체 길이가 20cm인 자입니다.

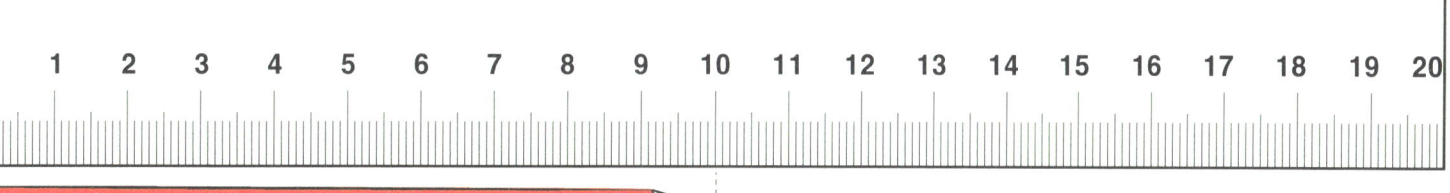

연필 길이가 10cm입니다.

m
미터

m(미터)를 알아봅시다.

m(미터)는
cm(센티미터)보다
큰 단위입니다.

기린크기
약 5m

펭귄크기
약 1m

m
미터

m(미터)를 알아봅시다.

농구선수 키는 약 2m

친구의 키는 약 1m

km
킬로미터

km(킬로미터)를 알아봅시다.

km(킬로미터)는 m(미터)보다 큰 단위입니다.

제1한강대교가 약 1km가 되요.

km
킬로미터

km(킬로미터)를 알아봅시다.

스케이팅 선수들이 500m 트랙을 두번 돌면 1000m입니다.
1000m는 1km와 같아요.

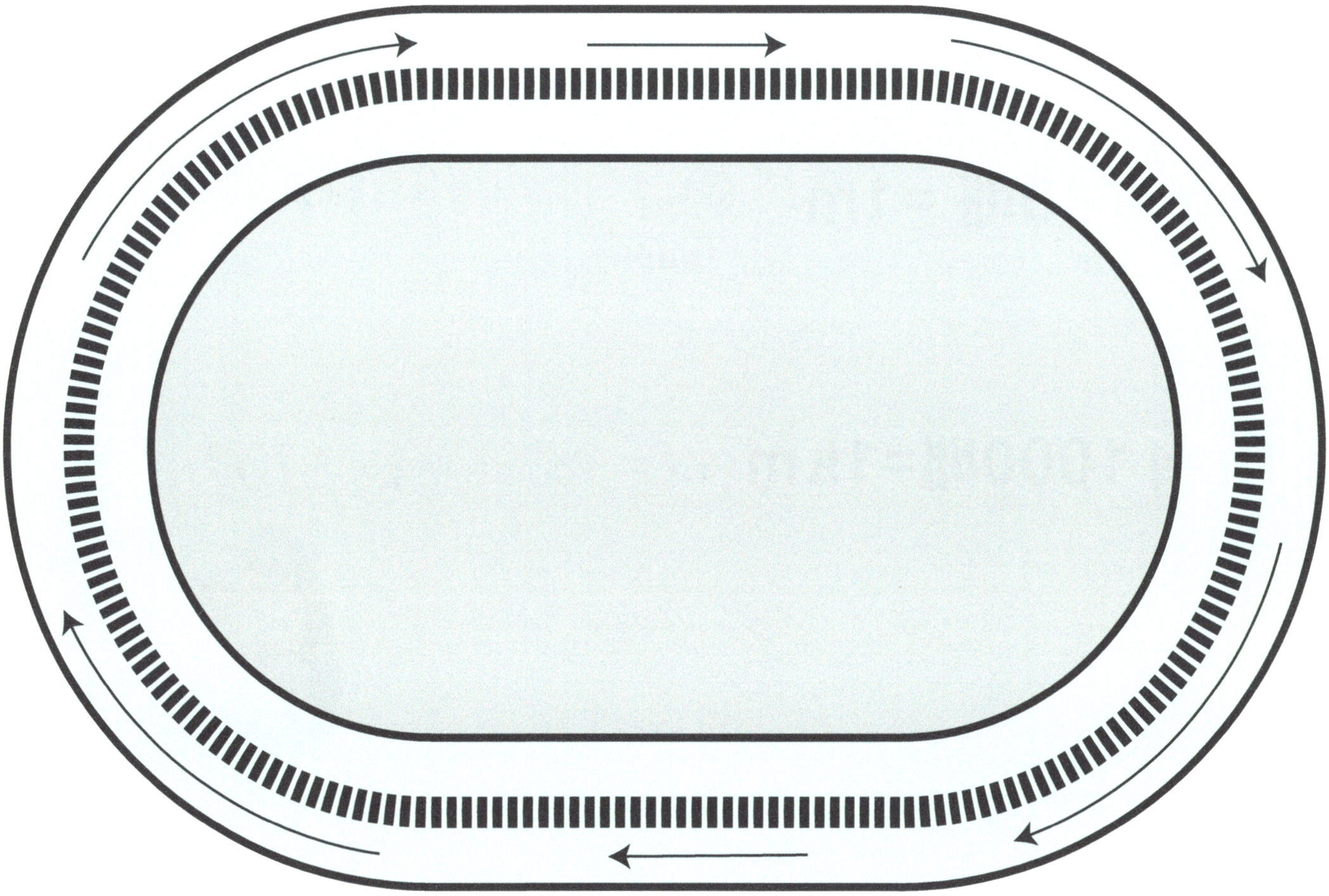

mm, cm, m, km의
밀리미터 　 센티미터 　 미터 　 킬로미터
관계를 알아보아요.

각 단위끼리의 연관성을 알아봅시다.

1mm의 10배=1cm

1mm 좁쌀 10개 연결하면 1cm

1mm

1cm의 10배 =1m

1cm 송충이 100마리 연결하면 1m

1cm

1m의 1000배=1km

1m 끈 1000개 연결하면 1km

1m

mm, cm, m, km의
밀리미터 센티미터 미터 킬로미터
관계를 알아보아요.

각 단위끼리의 연관성을 알아봅시다.

1cm = 10mm

1m = 100cm

1km = 1000m

길이 단위는 어디에 사용할까요?

mm, cm, m, km
밀리미터 센티미터 미터 킬로미터

길이

길이를 잴 수 있습니다.

우리 주변의 길고 짧은 물건의 길이를 잴 수 있어요.

가장 다리가 긴 문어를 알아볼까요?

mm, cm, m, km
밀리미터　센티미터　미터　킬로미터

길이

태평양대왕문어의 다리 길이는 9m나 되는 것도 발견되었어요. 대략 빌딩 3층 높이와 비슷하지요.

날개가 가장 큰 새 알바트로스

mm, cm, m, km
밀리미터 센티미터 미터 킬로미터

길이

절벽에 사는 알바트로스는 날개를 펴면 길이가 무려 3m나 됩니다. 농구선수키보다도 훨씬 크지요.

3m

길이 단위는 어디에 사용할까요?

mm, cm, m, km
밀리미터 센티미터 미터 킬로미터

둘레, 두께

둘레나 두께를 잴 수 있습니다.

탁구공 둘레 약 13cm

나무, 공 등의 둘레나 책 등의 두께를 잴 수 있어요.

나무둘레 약 100cm

책두께 약 3cm

길이 단위는 어디에 사용할까요?

mm, cm, m, km
밀리미터 센티미터 미터 킬로미터

크기

크기를 잴 수 있습니다.

mm로 아주 작은 크기를 잴 수 있어요. 돋보기로 확대해 볼까요?

모래알갱이 약 1mm

무당벌레 약 7mm

쌀알 약 5mm

길이 단위는 어디에 사용할까요?

mm, cm, m, km
밀리미터 센티미터 미터 킬로미터

크기

큰 동물의 크기를 m(미터)로 잴 수 있습니다.

몸길이 3m

키 2m

길이 단위는 어디에 사용할까요?

mm, cm, m, km
밀리미터 센티미터 미터 킬로미터

높이

높이를 잴 수 있습니다.

건물의 높이를 잴 수 있어요.

50m

산의 높이를 잴 수 있어요.

해발 2000m

세계에서 가장 높은 빌딩

mm, cm, m, km
밀리미터 센티미터 미터 킬로미터

높이

아랍에미레이트의 두바이에 있는 부르즈할리파는 163층의 높이 828m 초고층 빌딩입니다.

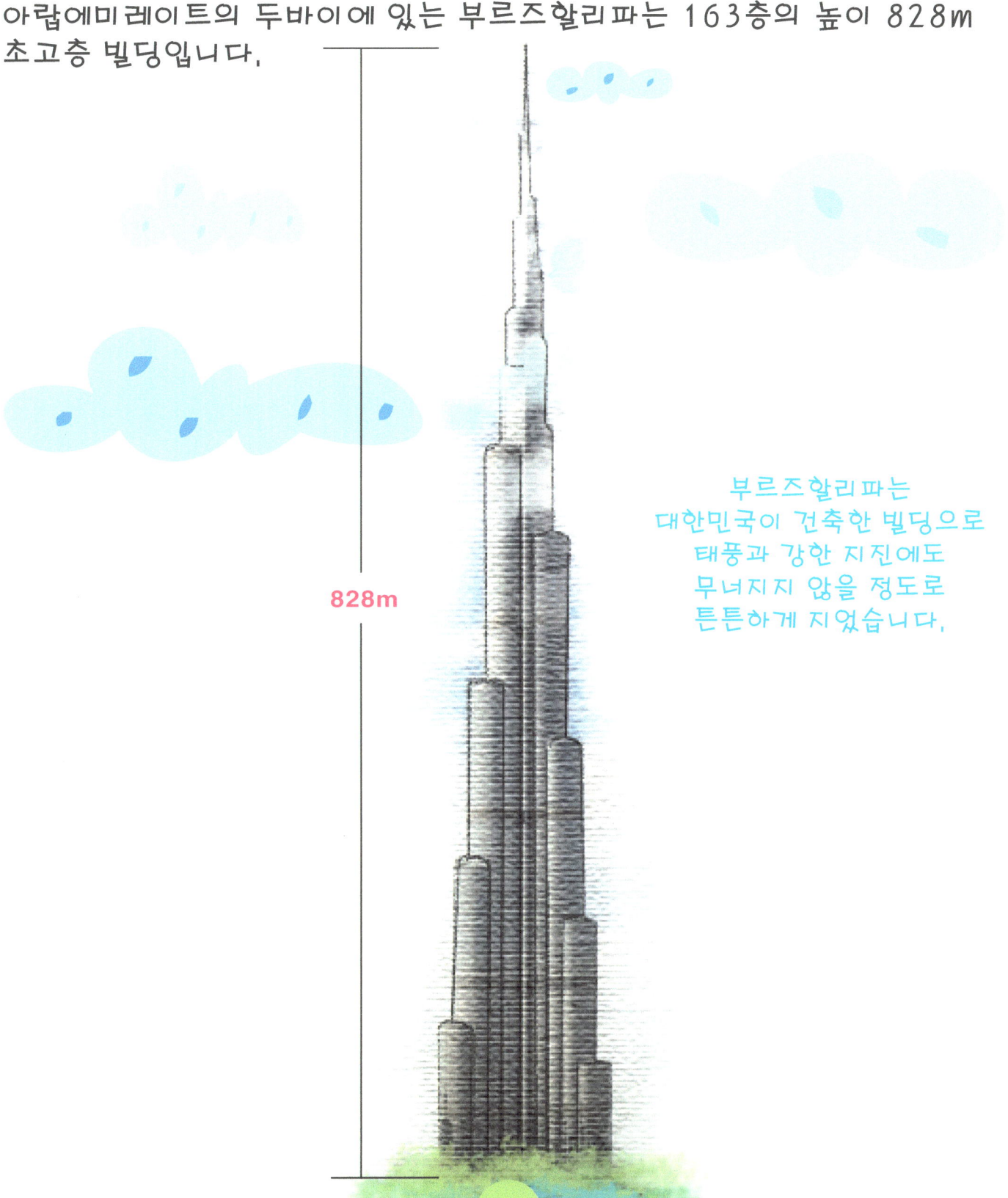

828m

부르즈할리파는
대한민국이 건축한 빌딩으로
태풍과 강한 지진에도
무너지지 않을 정도로
튼튼하게 지었습니다.

길이 단위는 어디에 사용할까요?

mm, cm, m, km
밀리미터　센티미터　미터　킬로미터

깊이

깊이를 잴 수 있습니다.

땅속이나 물의 깊이를 잴 수 있어요.

수심10m

길이 단위는 어디에 사용할까요?

mm, cm, m, km
밀리미터 센티미터 미터 킬로미터

거리

거리를 잴 수 있습니다.

1km

멀고 가까운 거리를 잴 수 있어요.

마라톤의 거리는?

mm, cm, m, km
밀리미터 센티미터 미터 킬로미터

거리

올림픽 경기 중 가장 오래 달리는 마라톤의 거리는 42.195km입니다.

마라톤의 거리를 42.195km로 정한 것은 아주 오래전 아테네군과 페르시아군이 전쟁을 했을 때 아테네군이 이기자 한 병사가 쉬지 않고 달려 승전 소식을 전한 후 죽었는데 이 병사를 기리기 위해 마라톤 거리로 정했다는 전설이 있습니다.

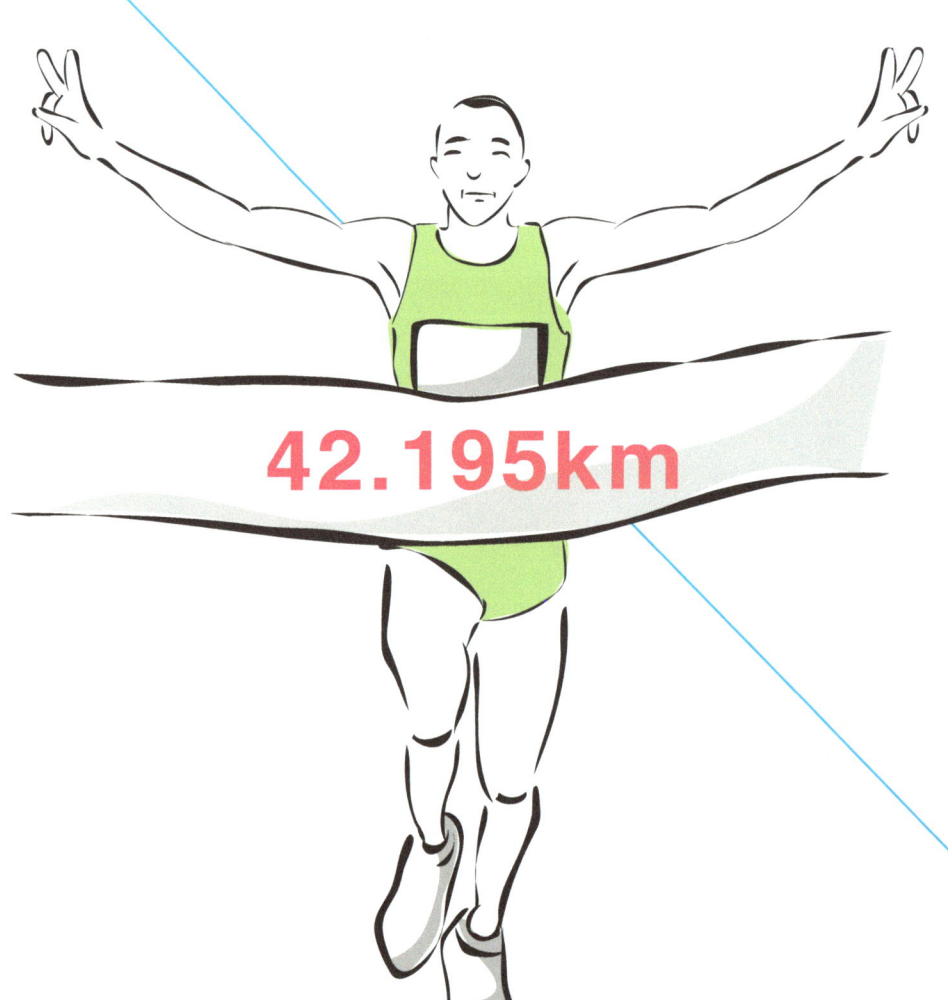

42.195km

우리나라에서 사용한 길이를 나타내는 단위는?
치, 뼘, 자, 길

치

한 치는 약 3cm 거리로 '한 치 앞도 안보인다.' 라는 속담처럼 아주 짧은 거리를 표현할 때 사용합니다.

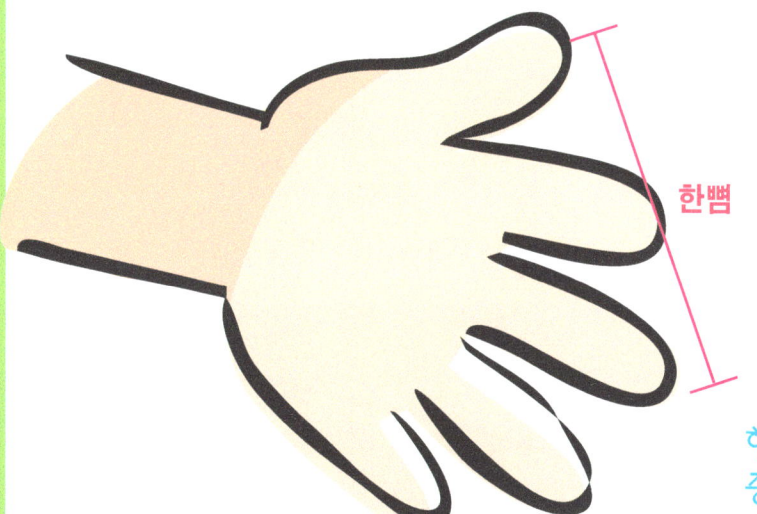

한뼘

뼘

한 뼘은 손가락을 폈을 때 엄지와 중지 손가락 사이의 거리입니다.

우리나라에서 사용한 길이를 나타내는 단위는?
뼘, 길, 치, 자

자

한 자는 약 30cm정도의 길이로 '내 코가 석자,' 라는 속담의 석자는 약 90cm입니다.

길

한 길은 어른 키 정도의 길이로 아주 먼 길도 한걸음 부터 시작한다는 '천리길도 한걸음부터' 라는 속담처럼 사용할 수 있습니다.

여러 가지 자
길이를 잴 수 있는 자의 종류는 매우 많습니다. 여러 가지 자를 알아볼까요?

대나무자

예전에는 대나무에 눈금을 표시하여 자를 만들어서 사용했습니다.

쇠자

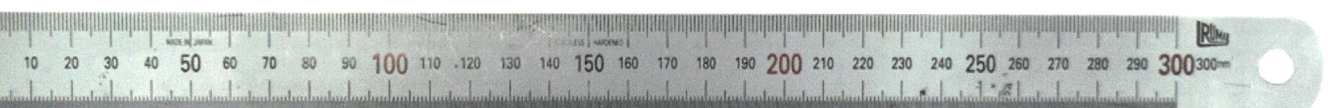

쇠자는 매우 튼튼해서 전문가들이 주로 사용합니다.

여러 가지 자
길이를 잴 수 있는 자의 종류는 매우 많습니다.
여러 가지 자를 알아볼까요?

삼각자

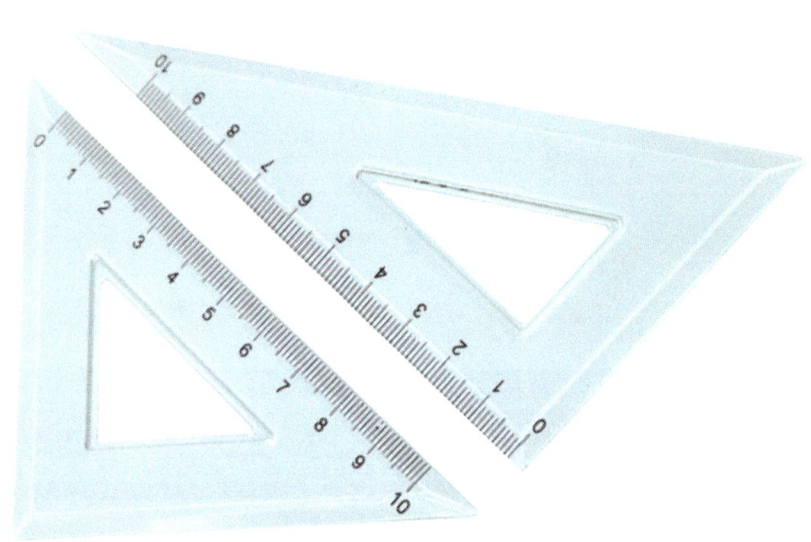

삼각자는 길이도 잴 수 있지만 수학에서
기본 도형을 그릴 때 주로 사용합니다.

쇠줄자

쇠줄자는 얇은 철판이 둘둘 말아져 있어서
아주 긴 것을 잴 수 있습니다.

여러 가지 자
길이를 잴 수 있는 자의 종류는 매우 많습니다.
여러 가지 자를 알아볼까요?

대나무자

예전에는 대나무에 눈금을 표시하여 자를 만들어서 사용했습니다.

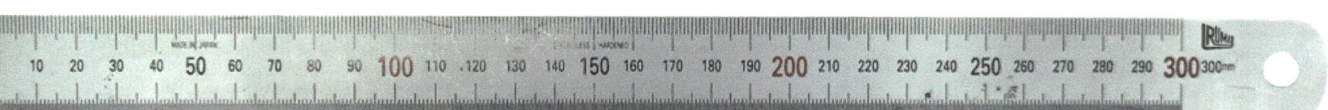

쇠자는 매우 튼튼해서 전문가들이 주로 사용합니다.

여러 가지 자
길이를 잴 수 있는 자의 종류는 매우 많습니다.
여러 가지 자를 알아볼까요?

삼각자

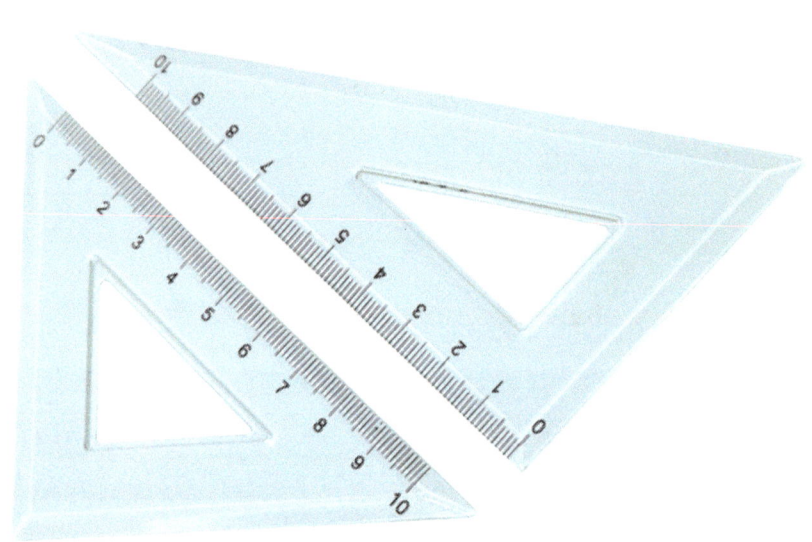

삼각자는 길이도 잴 수 있지만 수학에서
기본 도형을 그릴 때 주로 사용합니다.

쇠줄자

쇠줄자는 얇은 철판이 둘둘 말아져 있어서
아주 긴 것을 잴 수 있습니다.

여러 가지 자
길이를 잴 수 있는 자의 종류는 매우 많습니다. 여러 가지 자를 알아볼까요?

줄자

줄자는 직선도 재지만 주로 곡선같은 구부러진 물체를 잴 때 사용합니다.

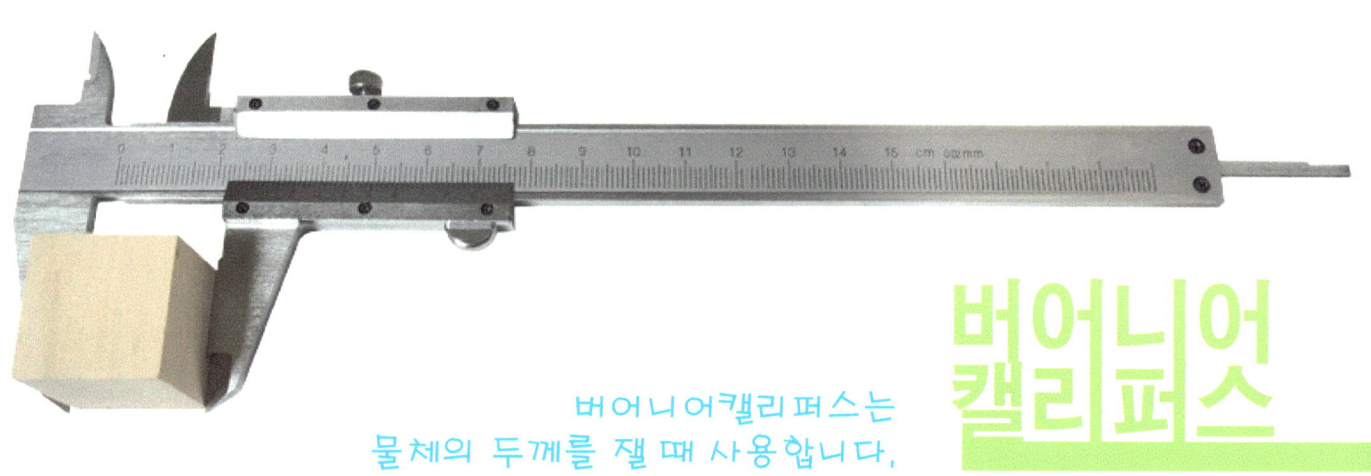

버어니어 캘리퍼스

버어니어캘리퍼스는 물체의 두께를 잴 때 사용합니다.

여러 가지 자
길이를 잴 수 있는 자의 종류는 매우 많습니다.
여러 가지 자를 알아볼까요?

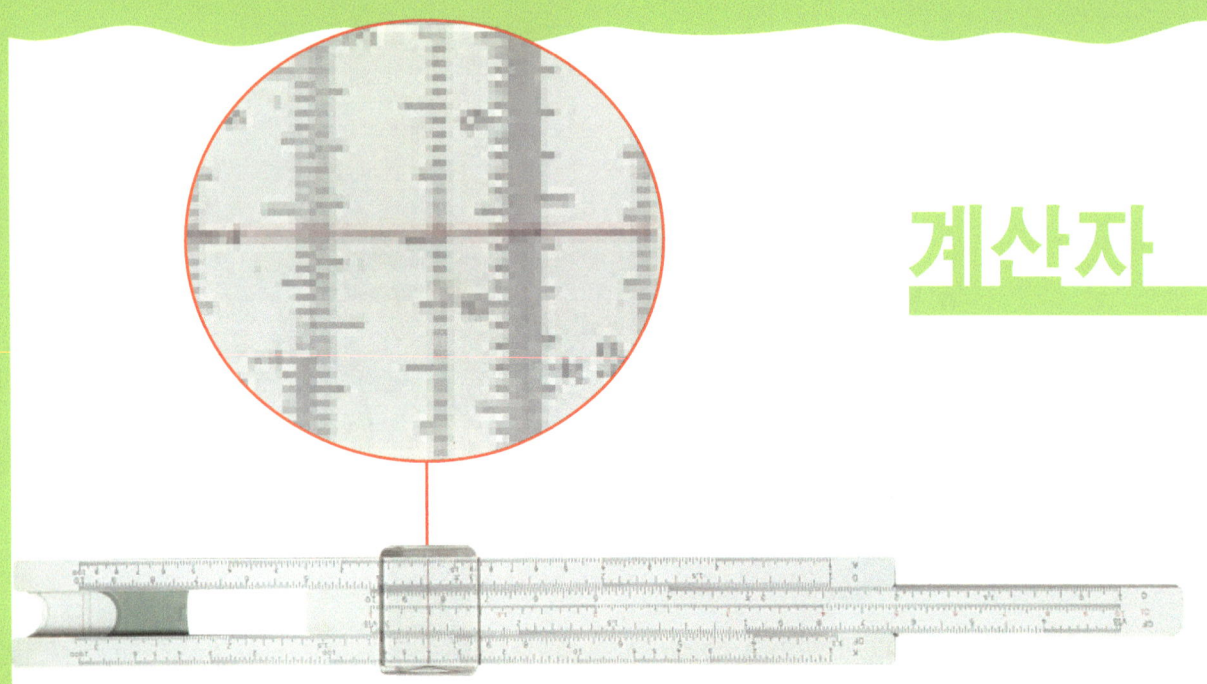

계산자

계산자는 길이재기보다는 예전에
곱셈, 나눗셈 등 어려운 수학 계산을 할 때
주로 사용했습니다.

레이저줄자

레이저줄자는 레이저를 쏘아
바닥에서 천정 또는 벽과 벽 등 공간의
높이나 거리를 잴 때 사용합니다.

여러 가지 자
길이를 잴 수 있는 자의 종류는 매우 많습니다. 여러 가지 자를 알아볼까요?

줄자는 직선도 재지만 주로 곡선같은 구부러진
물체를 잴 때 사용합니다.

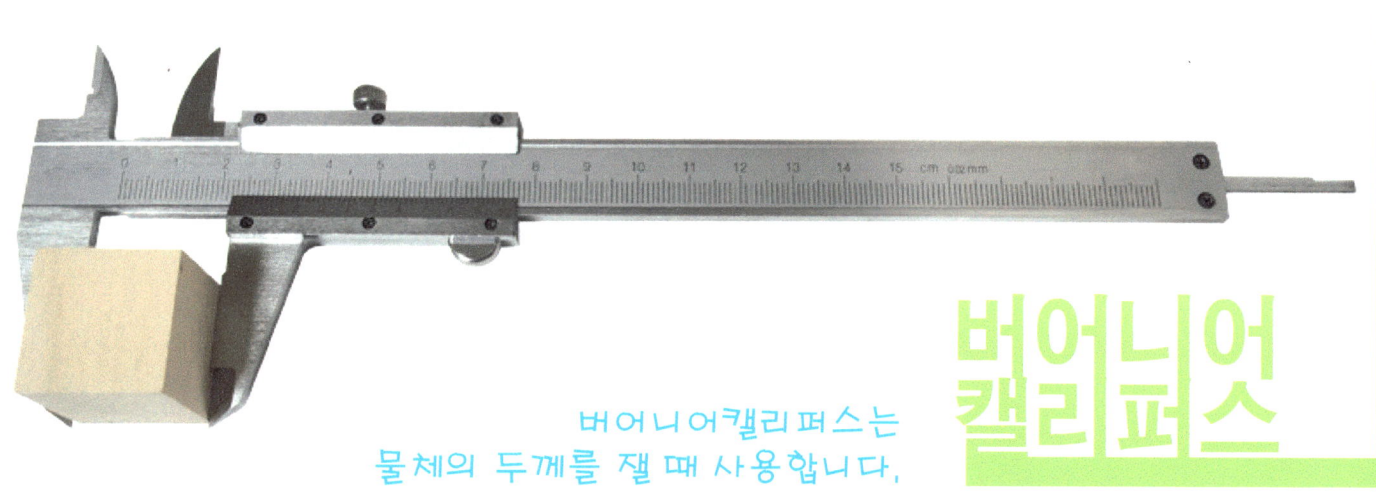

버어니어캘리퍼스는
물체의 두께를 잴 때 사용합니다.

여러 가지 자
길이를 잴 수 있는 자의 종류는 매우 많습니다.
여러 가지 자를 알아볼까요?

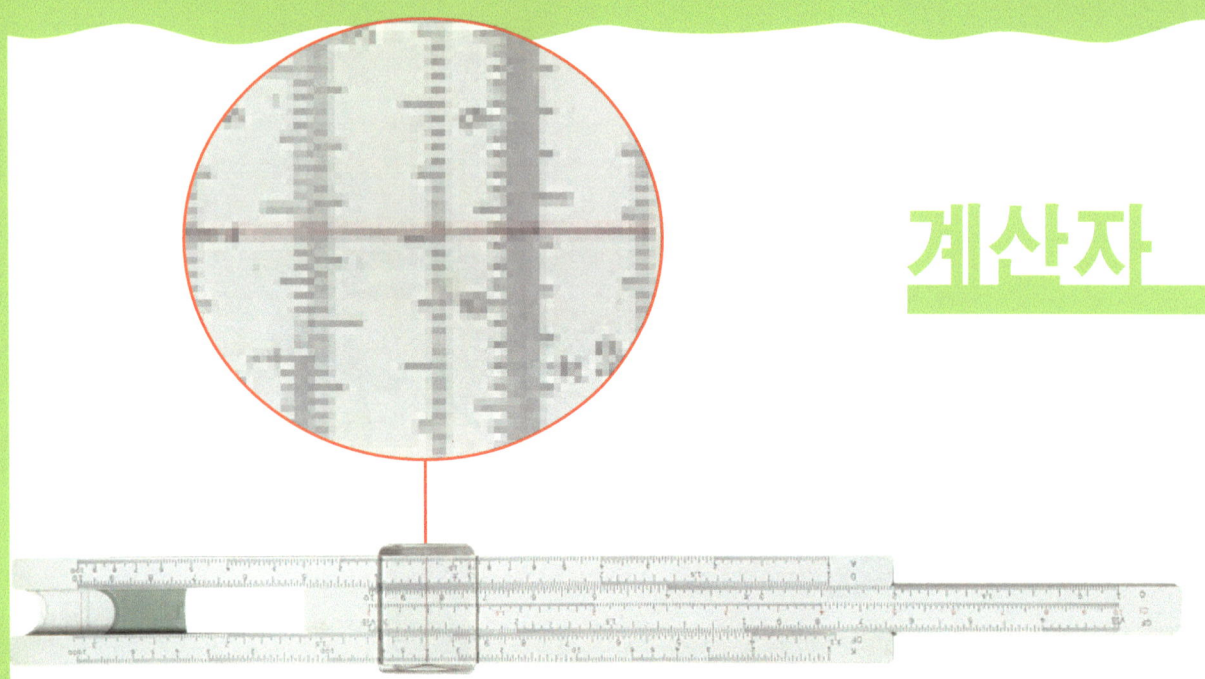

계산자

계산자는 길이재기보다는 예전에
곱셈, 나눗셈 등 어려운 수학 계산을 할 때
주로 사용했습니다.

레이저줄자는 레이저를 쏘아
바닥에서 천정 또는 벽과 벽 등 공간의
높이나 거리를 잴 때 사용합니다.

레이저줄자

아주 쉬운 단위놀이 한마당

넓이

제곱센티미터 cm^2

제곱미터 m^2

제곱킬로미터 km^2

아르(a), 헥타르(ha)

cm²
제곱센티미터

cm²(제곱센티미터)를 알아봅시다.

넓이를 나타내는 단위 cm²(제곱센티미터)입니다.

가로 세로가 1cm인 사각형의 넓이는
1cm²(제곱센티미터)입니다.

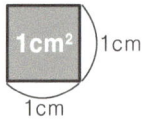

cm² 제곱센티미터

cm2 (제곱센티미터)를 알아봅시다.

1cm²(제곱센티미터)가 2개 있으면 넓이는 2cm²(제곱센티미터)입니다.

| 1cm² | 1cm² | = | 2cm² |

1cm²(제곱센티미터)가 3개 있으면 넓이는 3cm²(제곱센티미터)입니다.

| 1cm² | 1cm² | 1cm² | = | 3cm² |

cm² 제곱센티미터

넓이가 4cm²(제곱센티미터)인 모양들입니다.

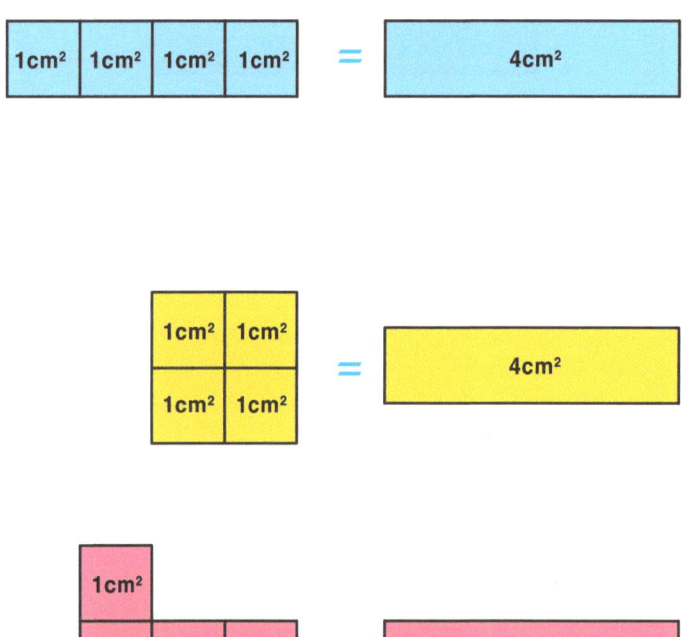

cm² 제곱센티미터

cm² (제곱센티미터)를 알아봅시다.

모양은 서로 다르지만 넓이는 넓이는 같을 수 있습니다.

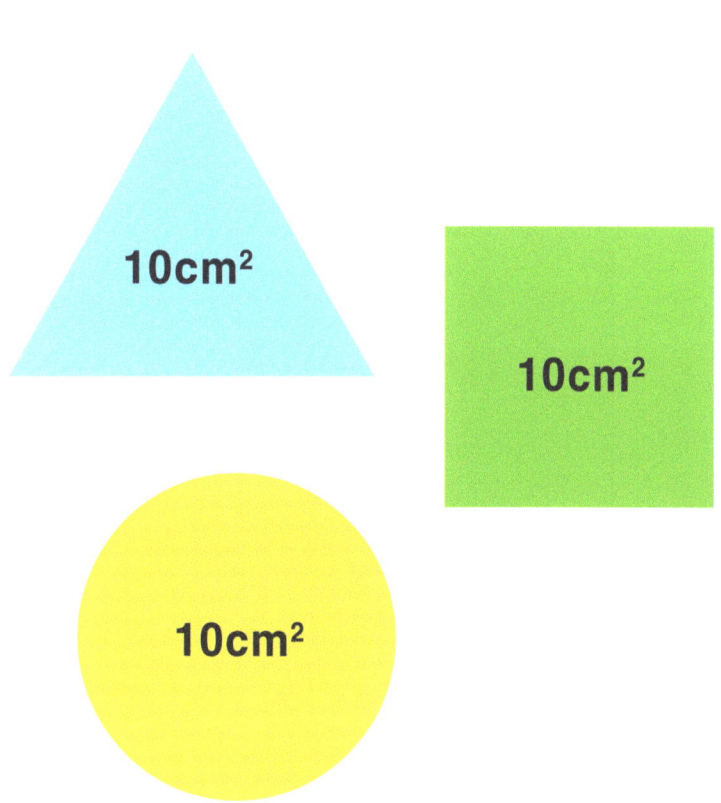

m² 제곱미터

넓이를 나타내는 단위 m²(제곱미터)입니다.

가로 세로가 100cm인 사각형의 넓이는 10000cm²(제곱센티미터)입니다.

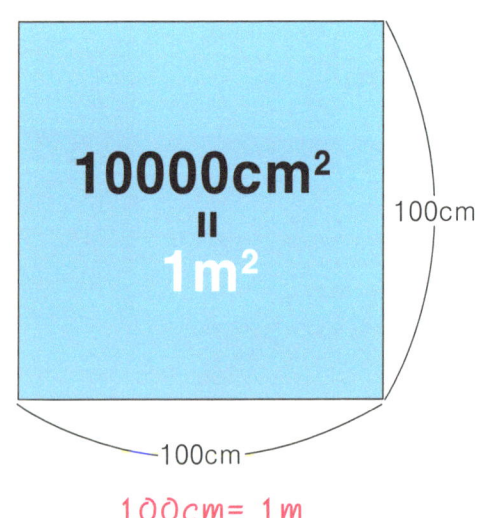

100cm= 1m

m² 제곱미터

m² (제곱미터)를 알아봅시다.

10000cm²(제곱센티미터)는 1m²(제곱미터)입니다.

가로 세로가 1m인 사각형의 넓이는 1m²(제곱미터)입니다.

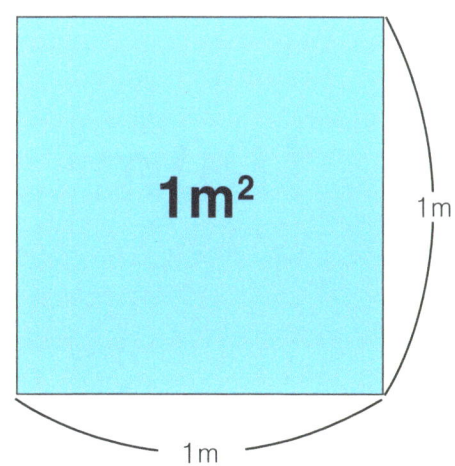

m² 제곱미터

m²(제곱미터)를 알아봅시다.

가로 세로가 10m인 거실의 넓이는 100m²(제곱미터)입니다.

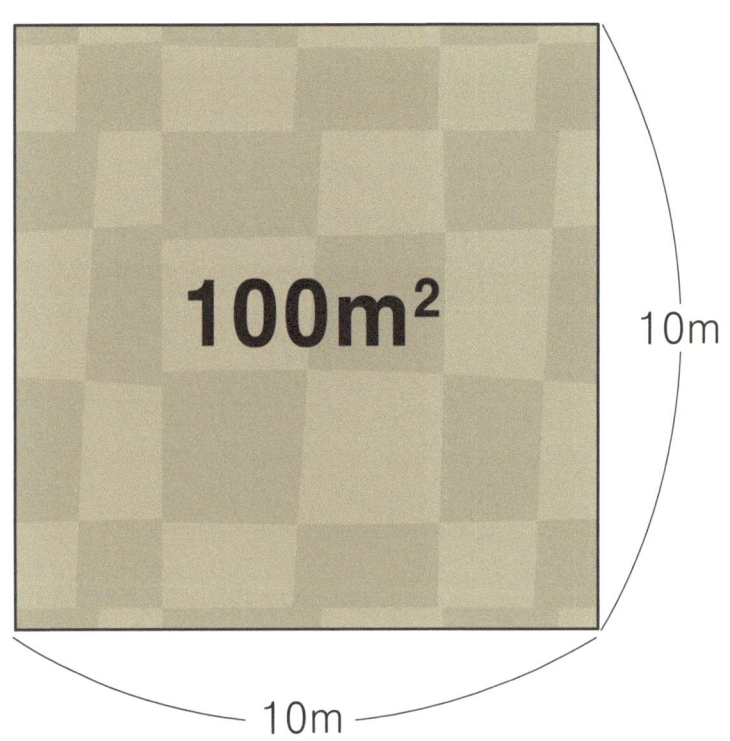

m² 제곱미터

m²(제곱미터)를 알아봅시다.

가로 세로가 100m인 잔디밭의 넓이는 10000m²(제곱미터)입니다.

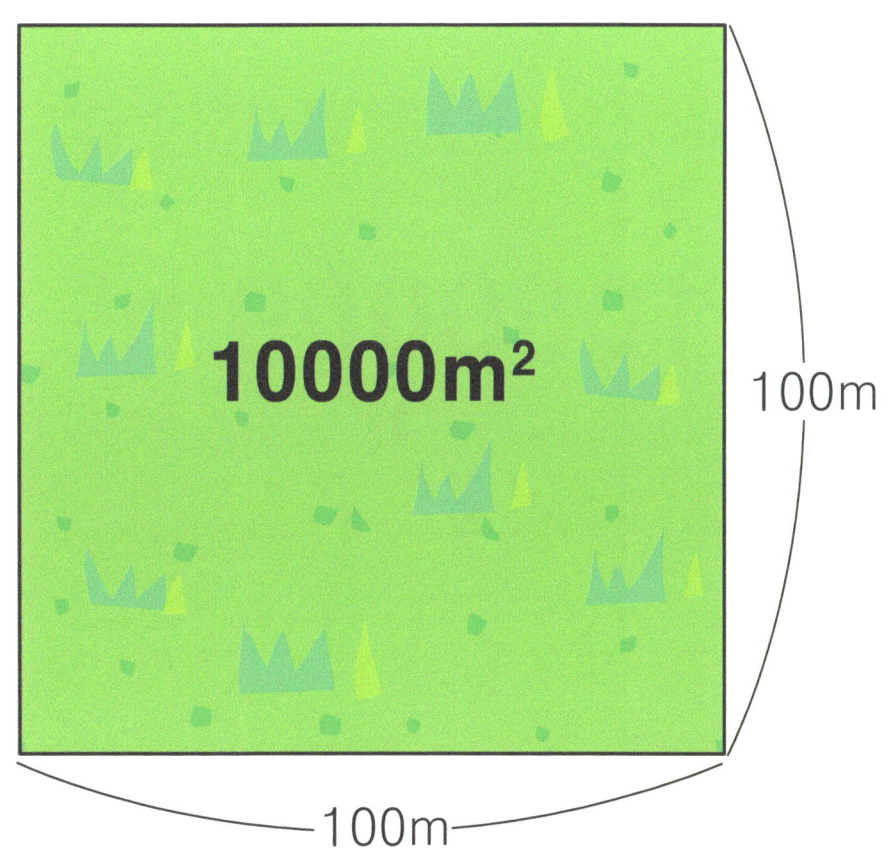

km²
제곱킬로미터

km² (제곱킬로미터)를 알아봅시다.

넓이를 나타내는 단위 km²(제곱킬로미터)입니다.

가로 세로가 1000m인 밭의 넓이는 1000000m²(제곱킬로미터)입니다.

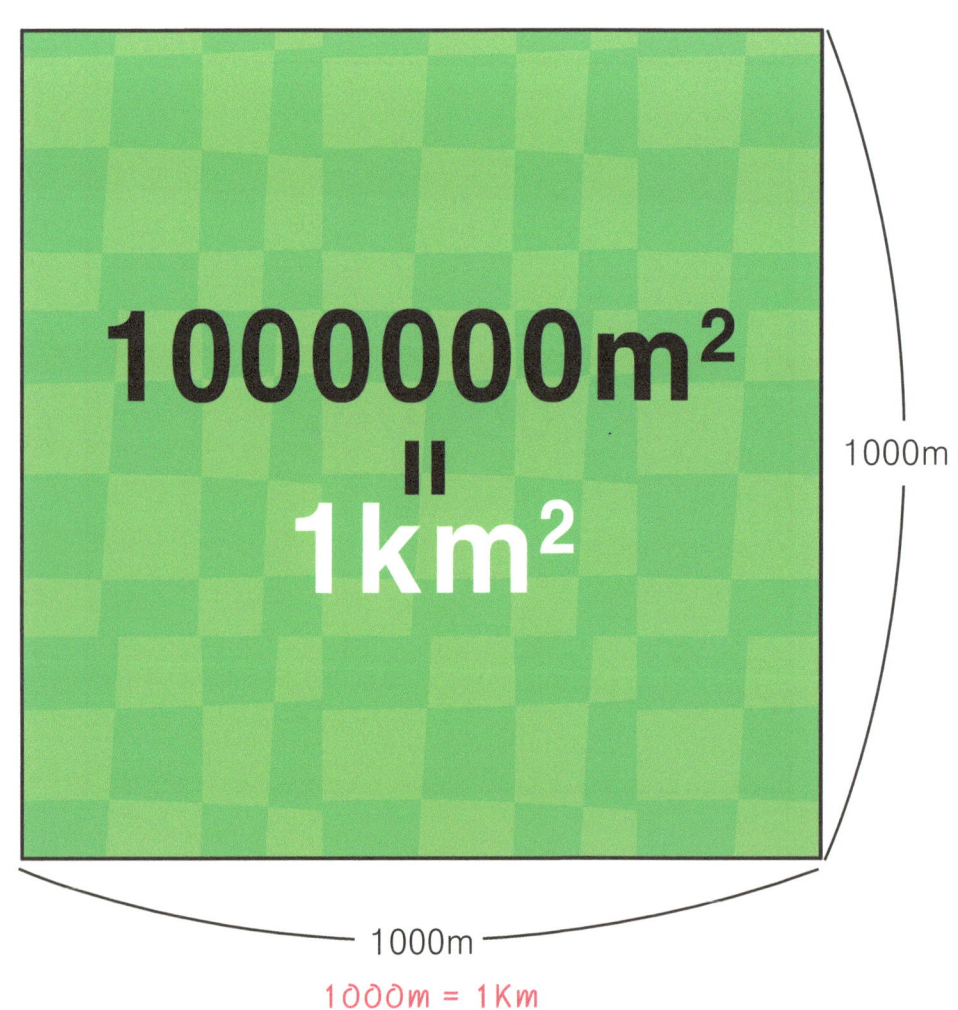

1000000m² = 1km²

1000m

1000m
1000m = 1Km

km²
제곱킬로미터

1000000m²(제곱킬로미터)는 1Km²(제곱킬로미터)입니다.

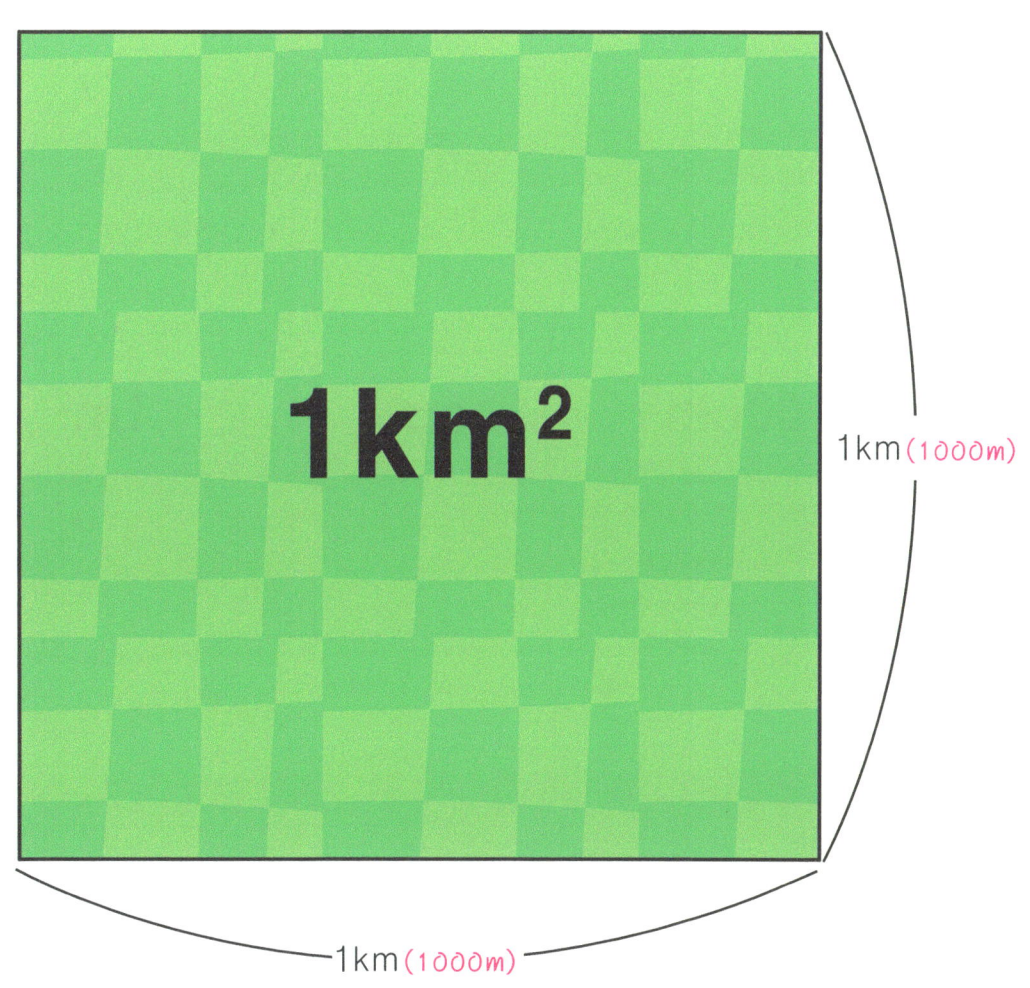

cm^2, m^2, km^2의
제곱센티미터　제곱미터　제곱킬로미터
관계를 알아보아요.

각 단위끼리의 연관성을 알아봅시다.

$10000cm^2$(제곱센티미터)는 $1m^2$(제곱미터)입니다.

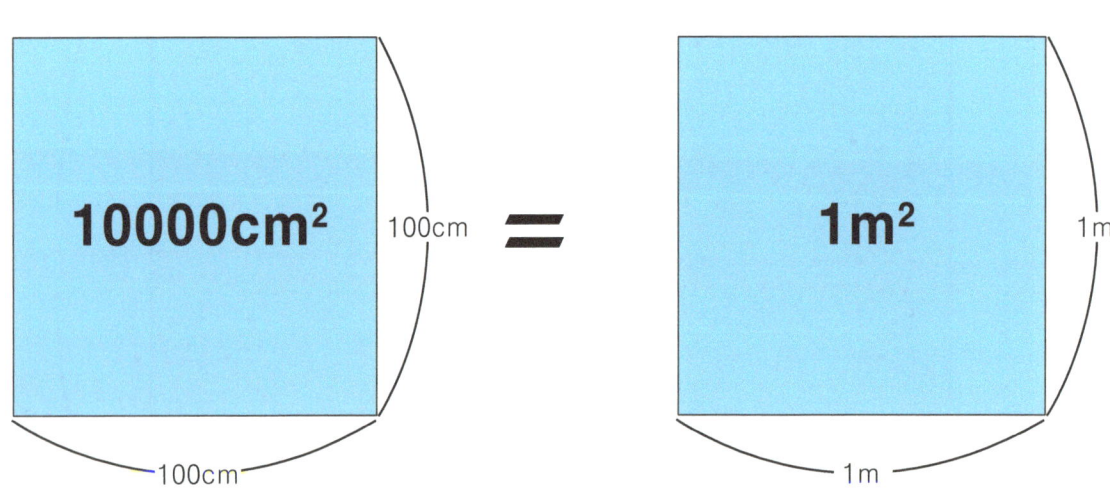

cm², m², km²의
제곱센티미터   제곱미터   제곱킬로미터
관계를 알아보아요.

각 단위끼리의 연관성을 알아봅시다.

1000000m²(제곱미터)는 1km²(제곱킬로미터)입니다.

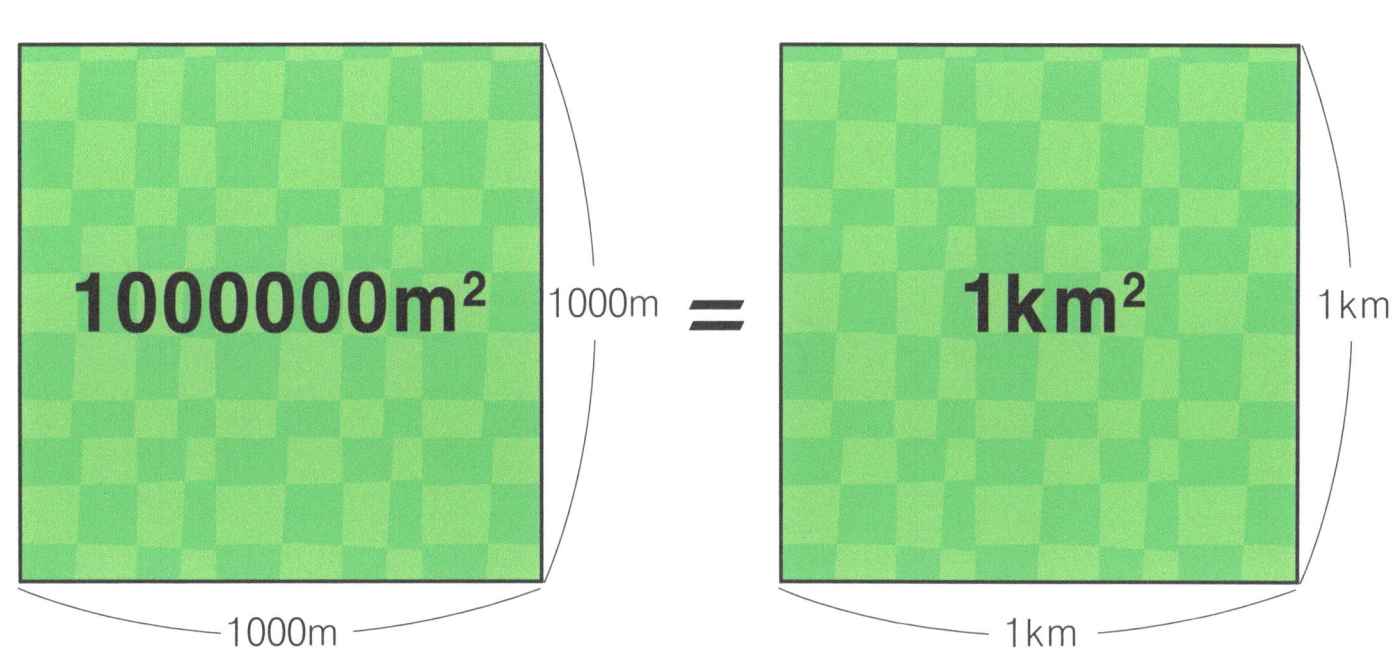

색종이 넓이를 알아볼까요?

색종이의 넓이를 알아봅시다.

색종이는 크기와 색깔이 여러 종류입니다.

기본 크기의 색종이는 가로 15cm, 세로 15cm의 크기로 넓이는 225cm² (제곱센티미터)입니다.

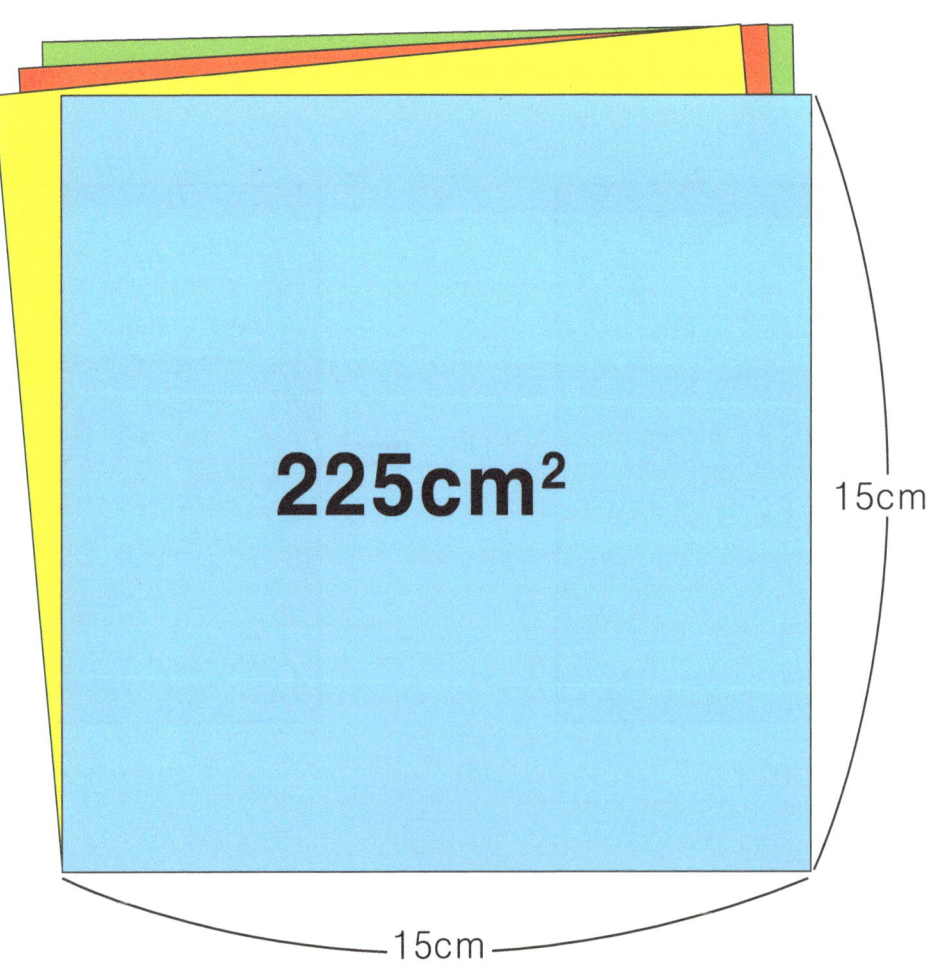

색종이 넓이를 알아볼까요?

색종이의 넓이를 알아봅시다.

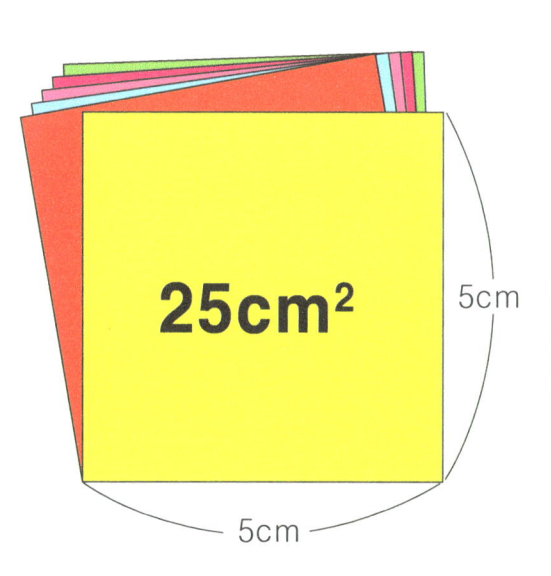

작은 색종이는 가로 5cm, 세로 5cm 크기로 넓이는 25cm² (제곱센티미터)입니다. 종이학을 접을 때 주로 사용하지요.

가로 7.5cm, 세로 7.5cm 크기로 넓이 56.25cm² (제곱센티미터) 색종이도 많이 사용합니다.

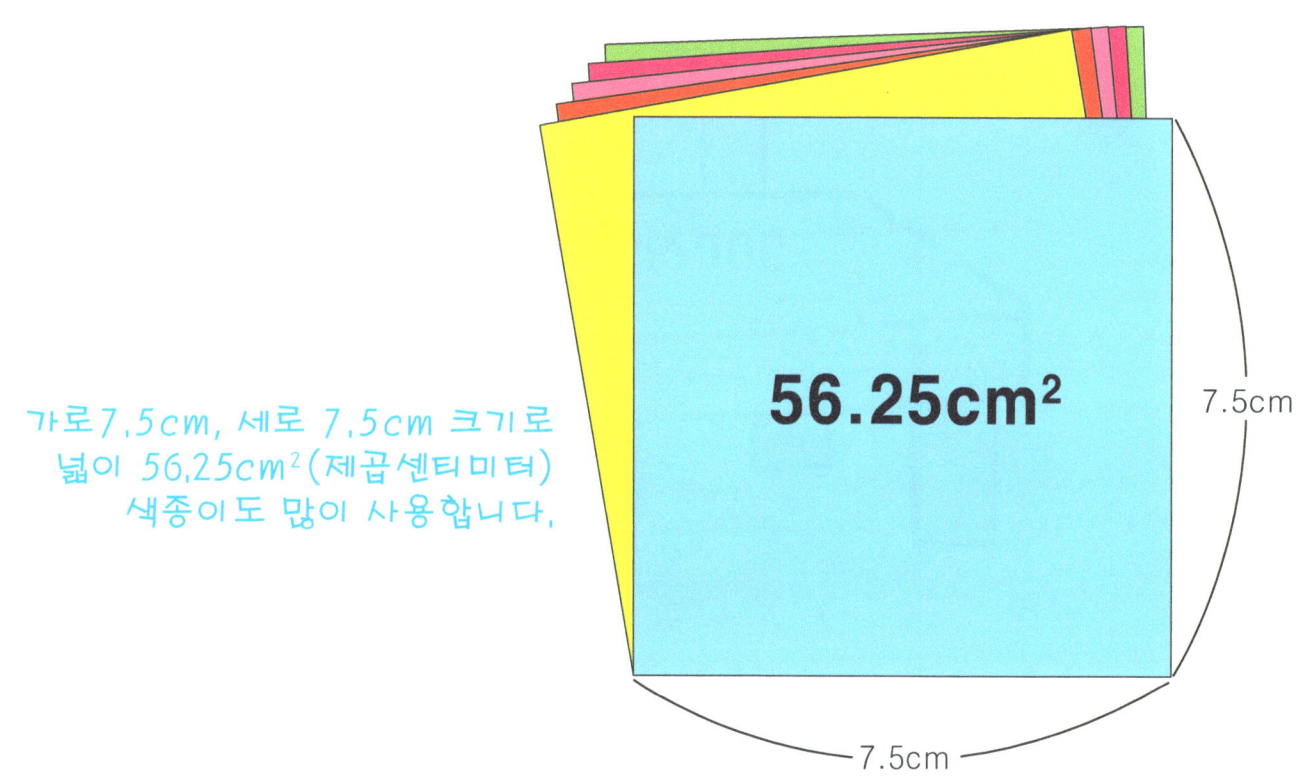

의자의 넓이를 알아볼까요?

의자는 크기가 정해져 있지 않지만
어린이와 어른에 따라 크기가 달라져요.

어린이 의자는 보통 가로 30cm, 세로 30cm 크기로
넓이 900cm² (제곱센티미터) 정도입니다.

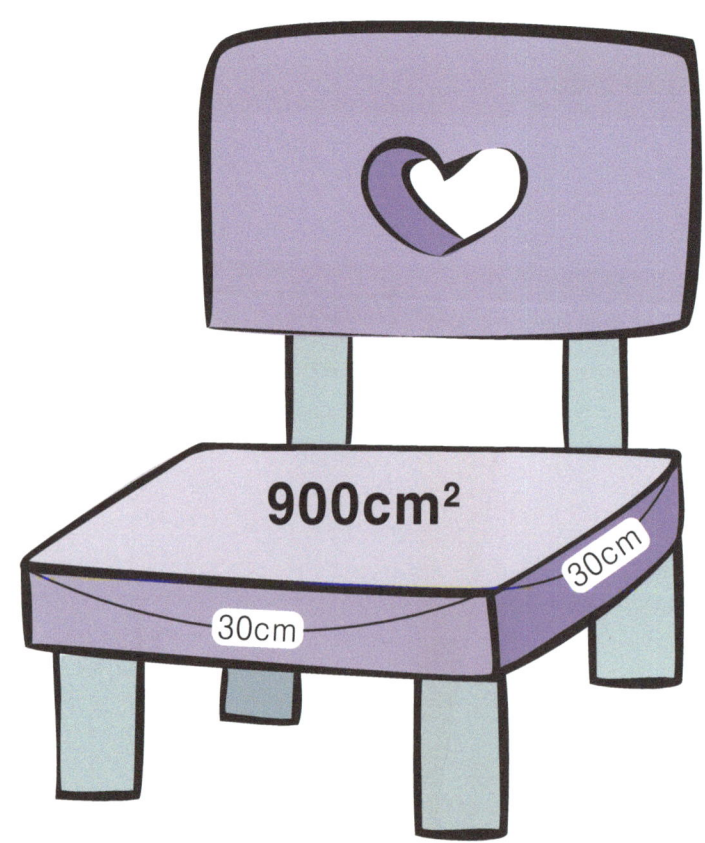

책상의 넓이를 알아볼까요?

책상은 크기가 정해져 있지 않지만
어린이와 어른에 따라 크기가 달라져요.

책상의 넓이를 알아봅시다.

어린이 책상은 보통
가로 100cm, 세로 50cm 크기로
넓이 5000cm² (제곱센티미터) 정도입니다.

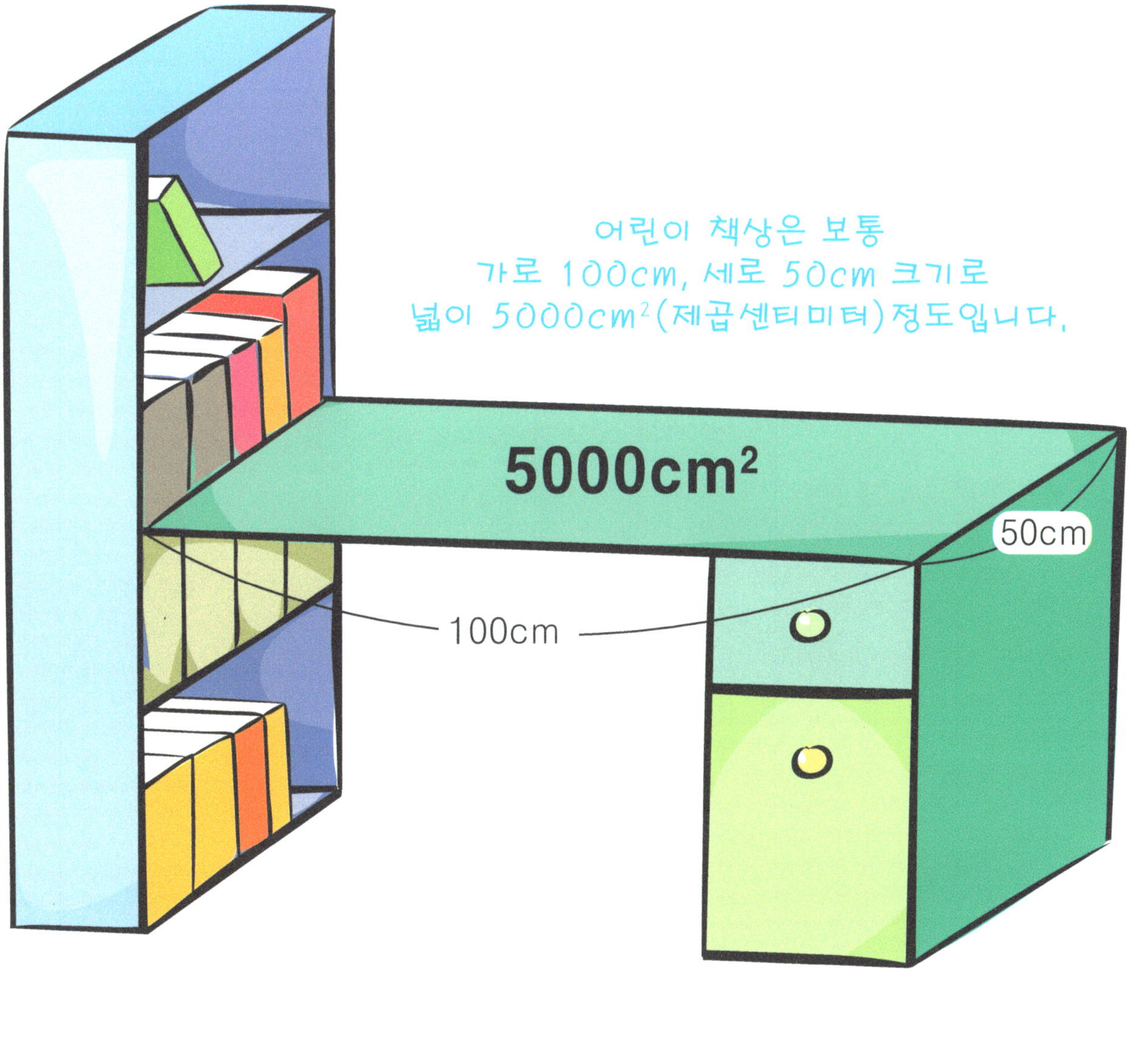

5000cm²

50cm

100cm

축구장 넓이

축구장의 넓이는 국제경기, 국내경기장마다 조금씩 차이가 있습니다.

축구장의 넓이를 알아봅시다.

가로 100m 세로 70m인 축구장의 넓이는 7000m^2(제곱미터)입니다.

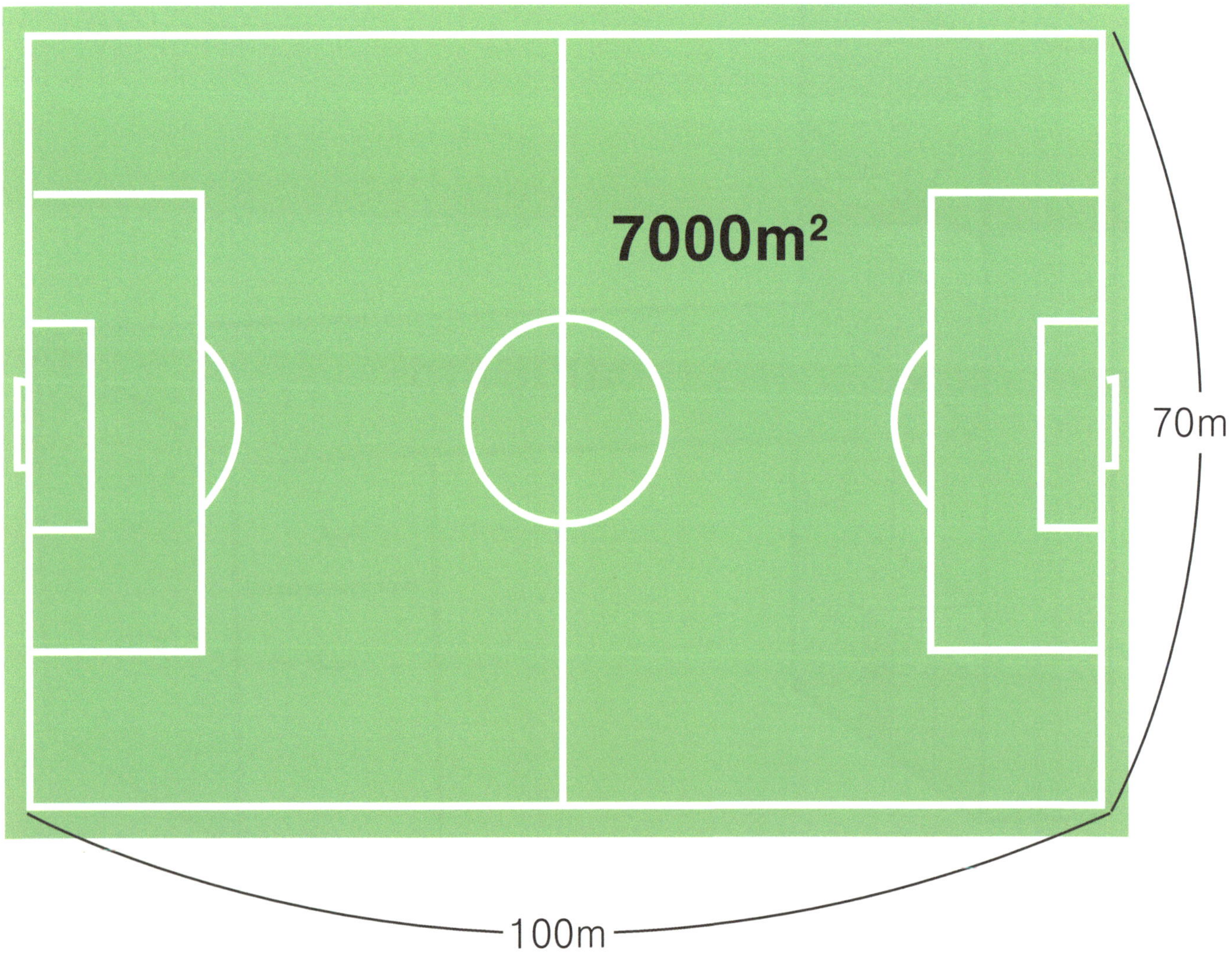

7000m^2

70m

100m

가장 넓은 지역은?
우리나라에서 가장 넓은 지역은 강원도예요.

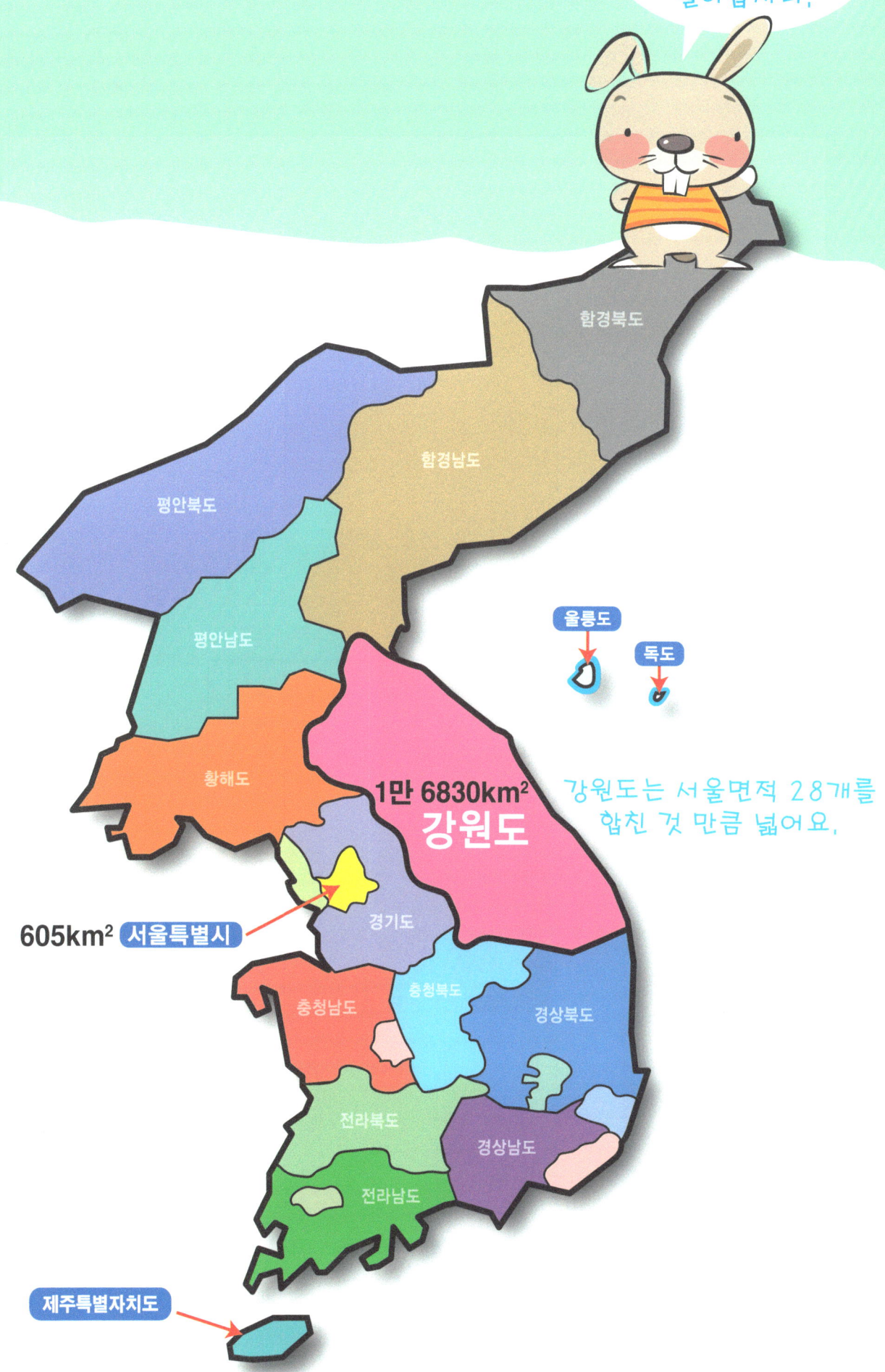

세계에서 가장 작은 나라

세계에서 가장 작은 나라는 바티칸시국 이에요.

세계에서 가장 작은 나라는 이탈리아 수도
로마 시내에 위치한 바티칸시국입니다.
넓이가 겨우 0.4㎢(제곱킬로미터)로 축구장 57개 크기입니다.

세계에서 가장 큰 나라
세계에서 가장 큰나라는 러시아에요.

세계에서 가장 큰 나라는 어디인지 알아봅시다.

세계에서 가장 큰 나라는 러시아입니다.
넓이가 17098242㎢(제곱킬로미터)로
지구 육지면적의 11%를 차지하는 어마어마한 넓이입니다.

또 다른 넓이 단위는?
a(아르)

a(아르)도 넓이를 나타내는 단위예요.

넓이 $100m^2$는 1a와 같아요.

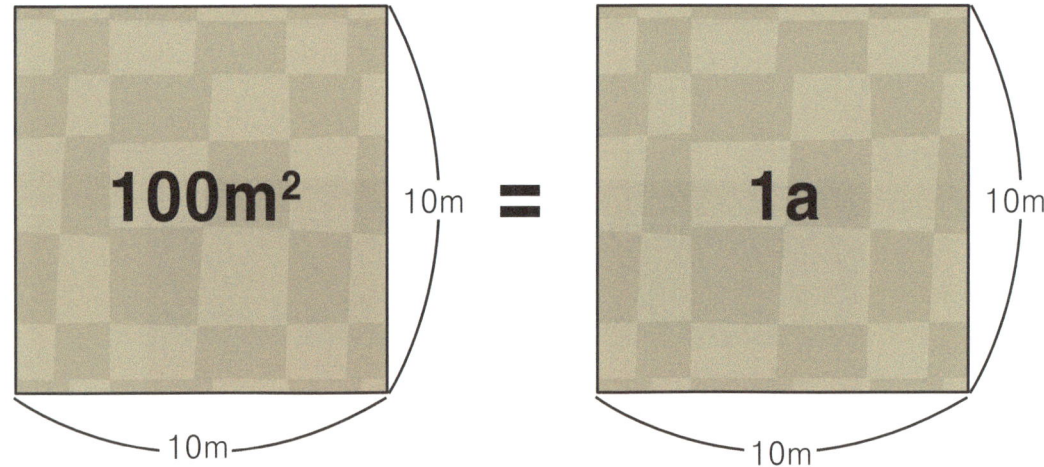

또 다른 넓이 단위는?
ha(헥타르)

ha(헥타르)는 넓은 땅이나 산의 넓이를 나타낼 때 주로 사용해요

10000m²는 1ha(헥타르)와 같아요.

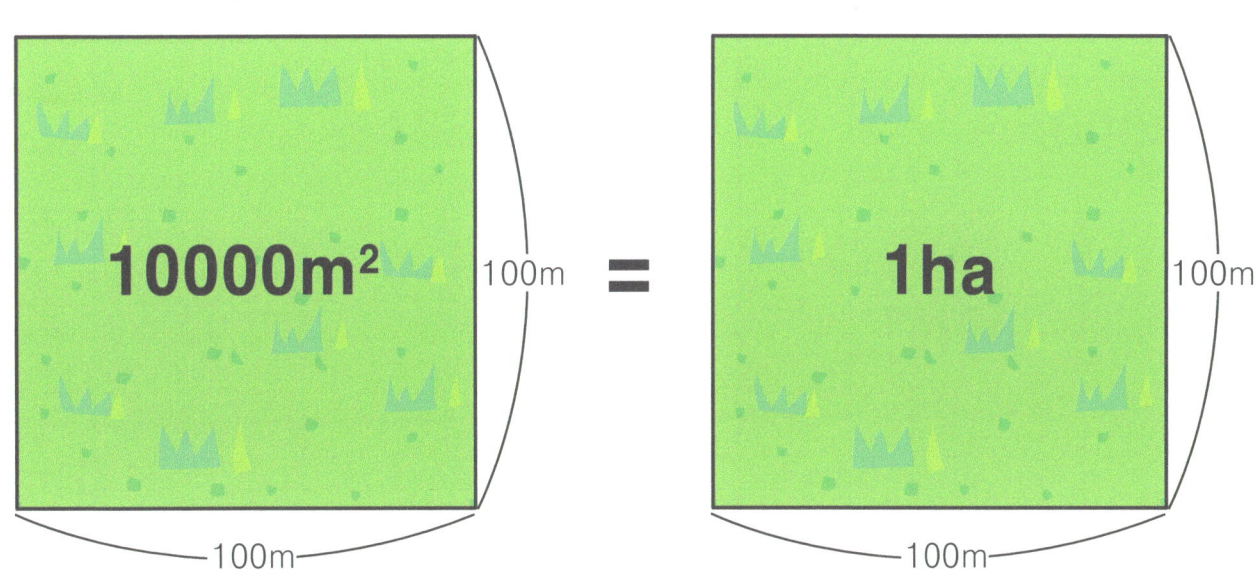

m², a, ha의
제곱미터 아르 헥타르
관계를 알아보아요.

$$1a = 100m^2$$
$$1ha = 10000m^2$$

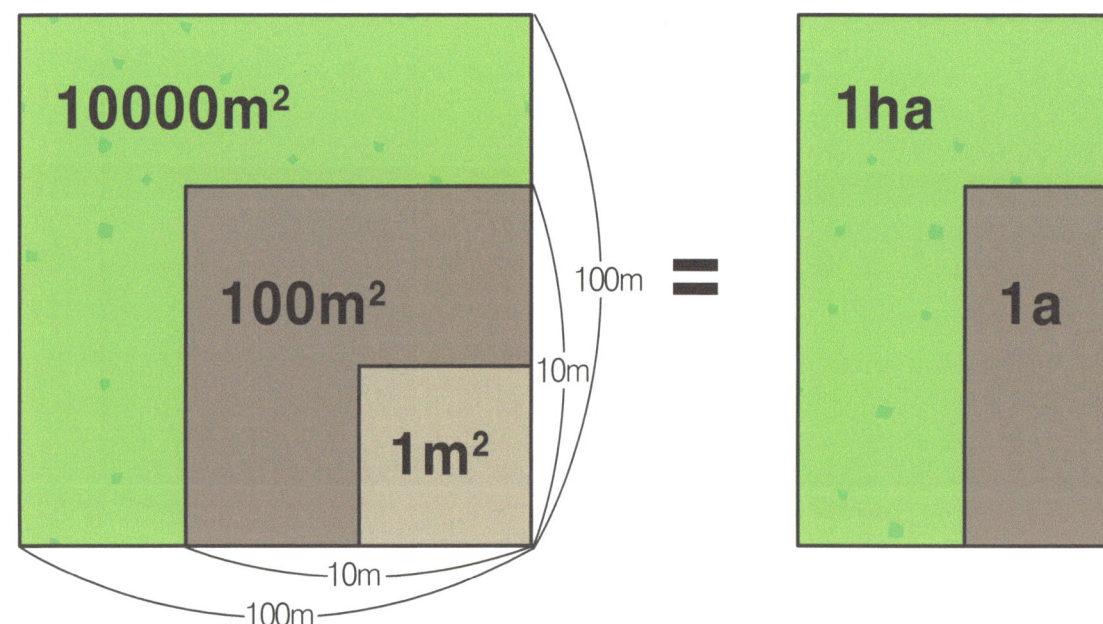

우리나라에서 사용하는 넓이를 나타내는 단위는?
평, 마지기

1평은 3.3m²입니다.
평이란 단위는 지금도 [아파트 18평, 25평, 33평]처럼 집이나 땅의 크기를 나타낼 때 주로 사용합니다.

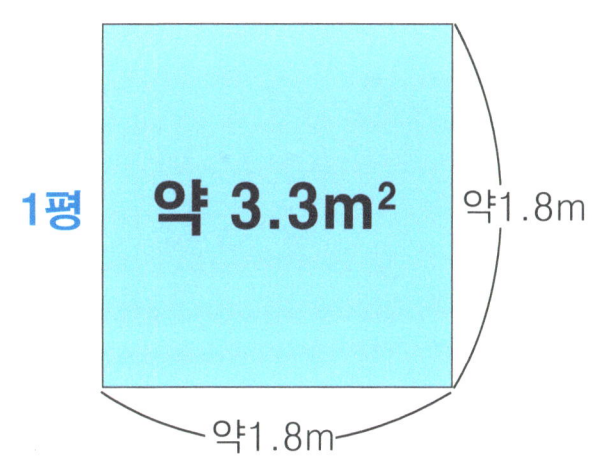

1평 약 3.3m² 약1.8m
약1.8m

우리나라에서 사용하는 넓이를 나타내는 단위는?
평, 마지기

마지기
논 한마지기는 약 200평
밭 한마지기는 약 100평

옛날에는 논이나 밭의 넓이를 말할 때 마지기란 단위를 사용했어요. 그러나 마지기는 지역마다 기준이 되는 크기가 모두 달라 지금은 거의 사용하지 않아요.

cm³
세제곱센티미터

cm³(세제곱센티미터)를 알아봅시다.

부피는 물체가 공간에서 차지하는 크기입니다.

가로 세로 높이가 1cm인 각설탕의 부피는
1cm³(세제곱센티미터)입니다.

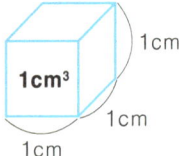

cm³
세제곱센티미터

cm³ (세제곱센티미터)를 알아봅시다.

1cm³(세제곱센티미터)가 10개 있으면 부피는 10cm³(세제곱센티미터)가 됩니다.

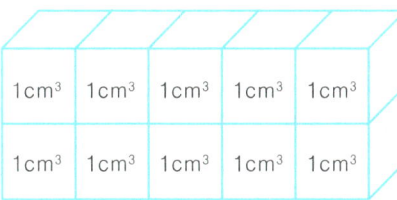 = 10cm³

cm³ 세제곱센티미터

cm³ (세제곱센티미터)를 알아봅시다.

1cm³(세제곱센티미터) 각설탕이 100개 있으면 부피는 100cm³(세제곱센티미터)가 됩니다.

1cm³ = 100개 = 100cm³

cm³ 세제곱센티미터

cm³(세제곱센티미터)를 알아봅시다.

1cm³(세제곱센티미터) 각설탕이 1000개 있으면 부피는 1000cm³(세제곱센티미터)가 됩니다.

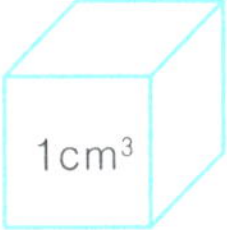

1cm³ = 1000개 = 1000cm³

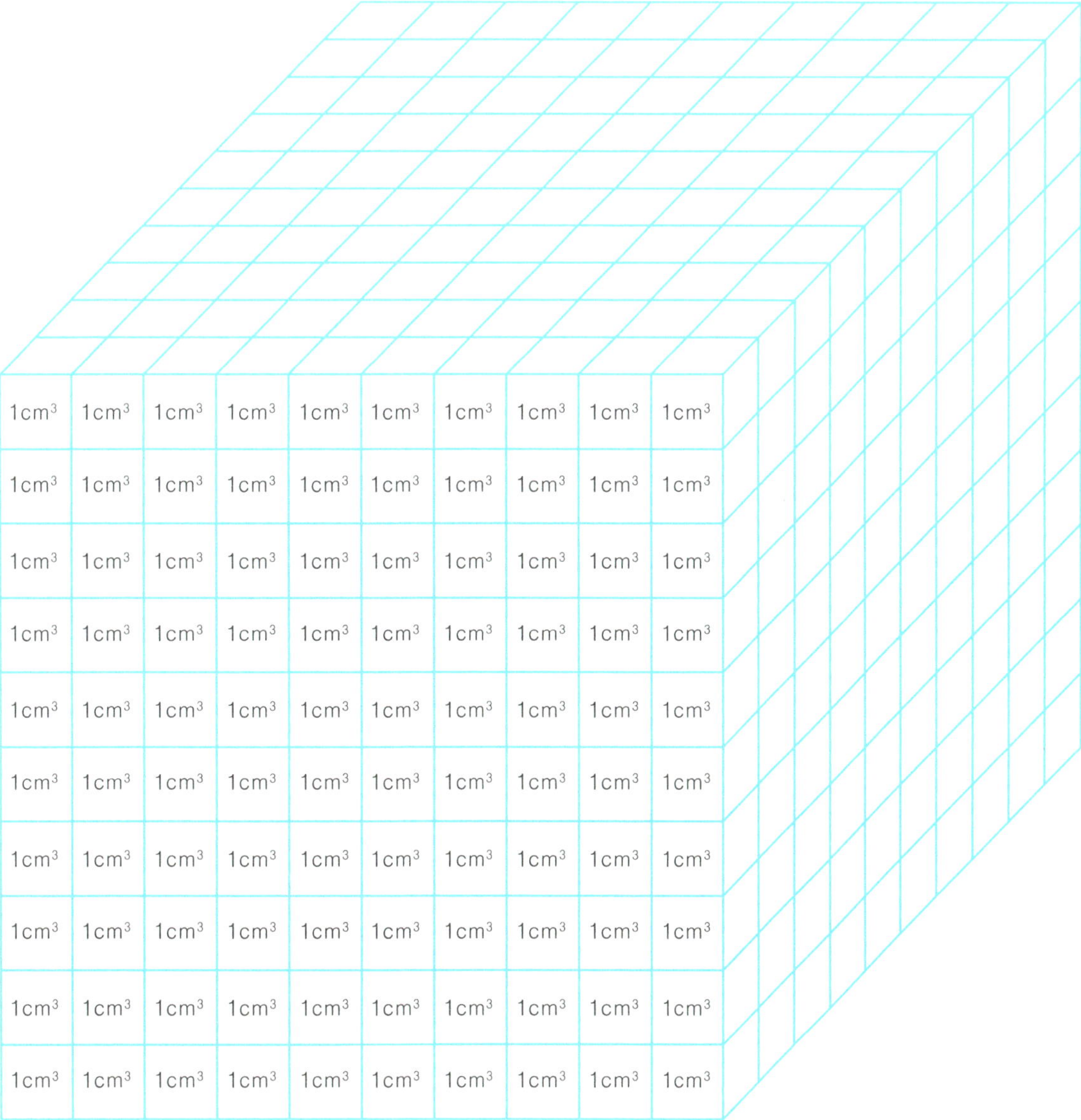

m³ 세제곱미터

m³(세제곱미터)를 알아봅시다.

가로 세로 높이가 1m(미터)인 쌓기나무의 부피는 1m³(세제곱미터)입니다.

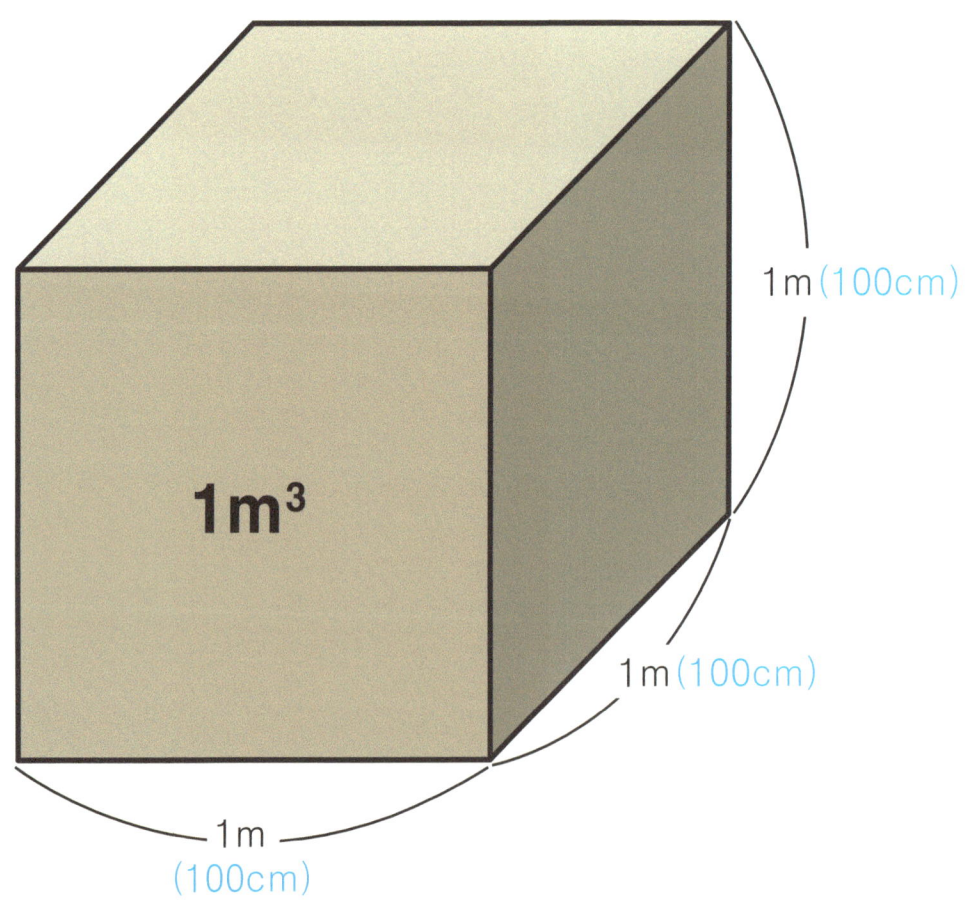

m³ 세제곱미터

아래 뚜껑형 김치냉장고의 부피가
1m³(세제곱미터)입니다.

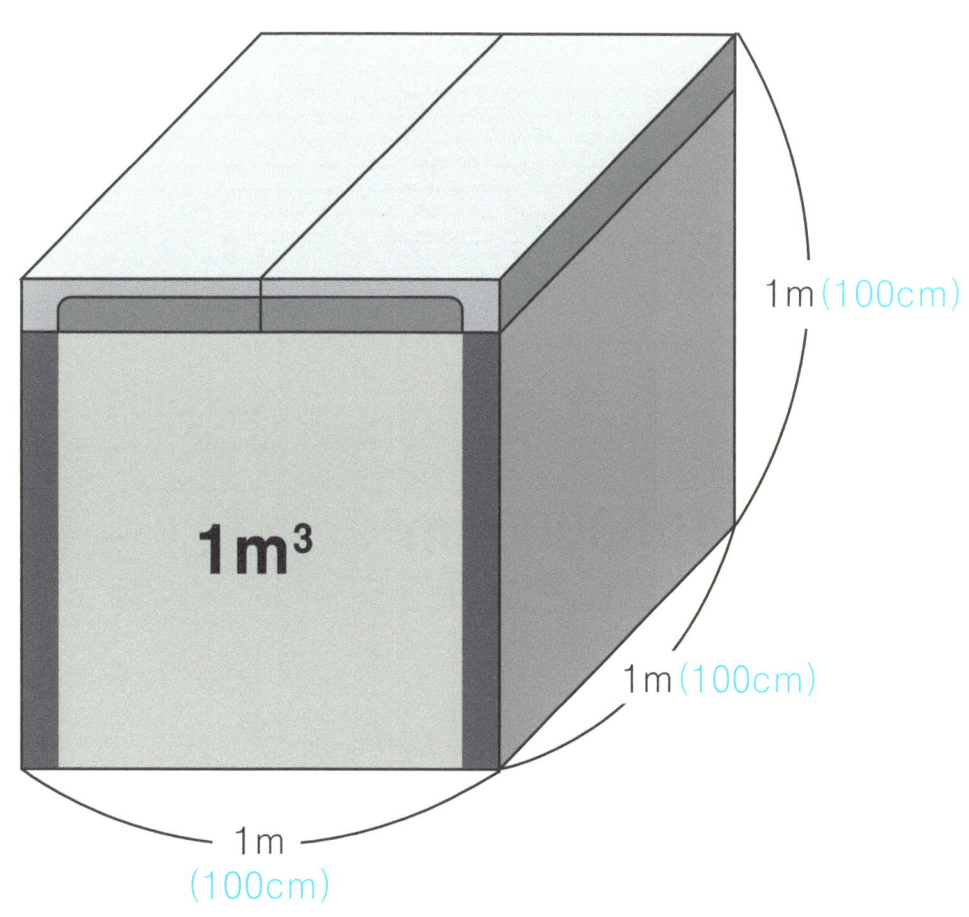

cm³, m³의 관계를 알아보아요.

세제곱센티미터, 미터

각 단위끼리의 연관성을 알아봅시다.

가로 세로 높이가 100cm인 쌓기나무의 부피는 1000000cm³(세제곱센티미터)입니다.

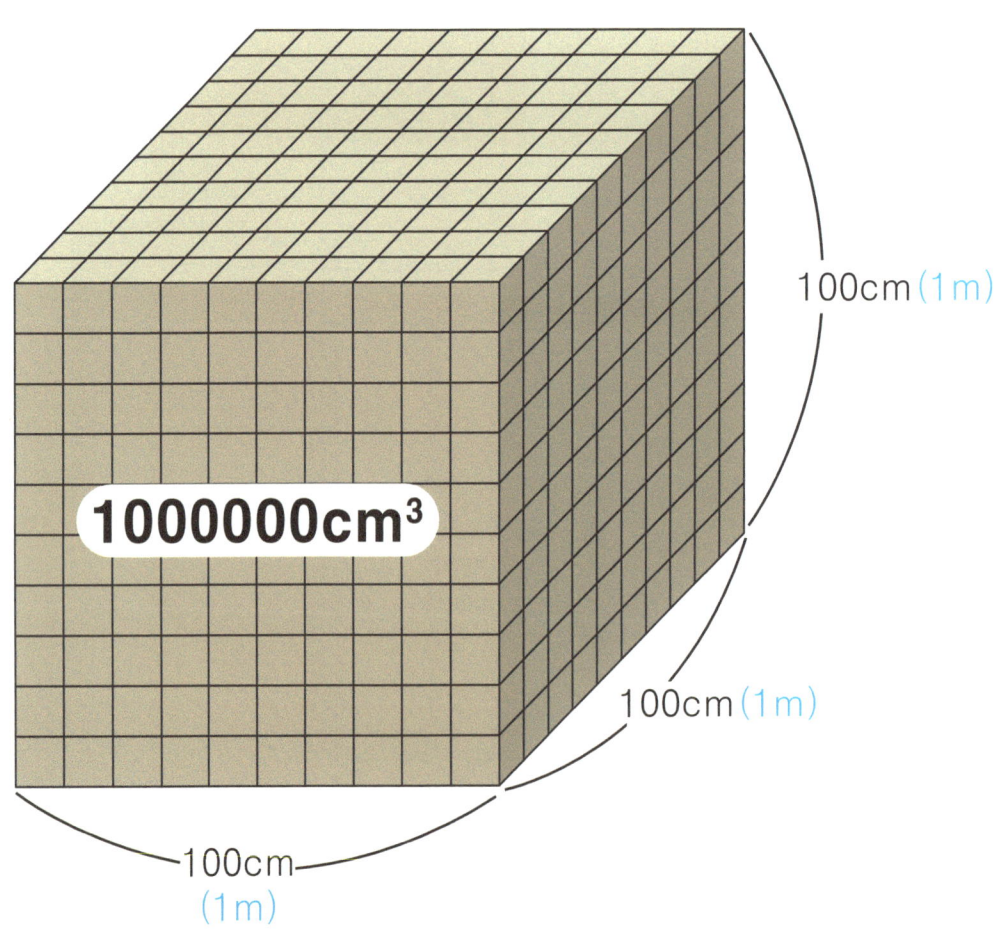

1000000cm³

100cm (1m)
100cm (1m)
100cm (1m)

cm³, m³의 관계를 알아보아요.

세제곱센티미터, 미터

각 단위끼리의 연관성을 알아봅시다.

1000000cm³(백만세제곱센티미터)는 1m³(세제곱미터)입니다.

1m³ = 1000000cm³

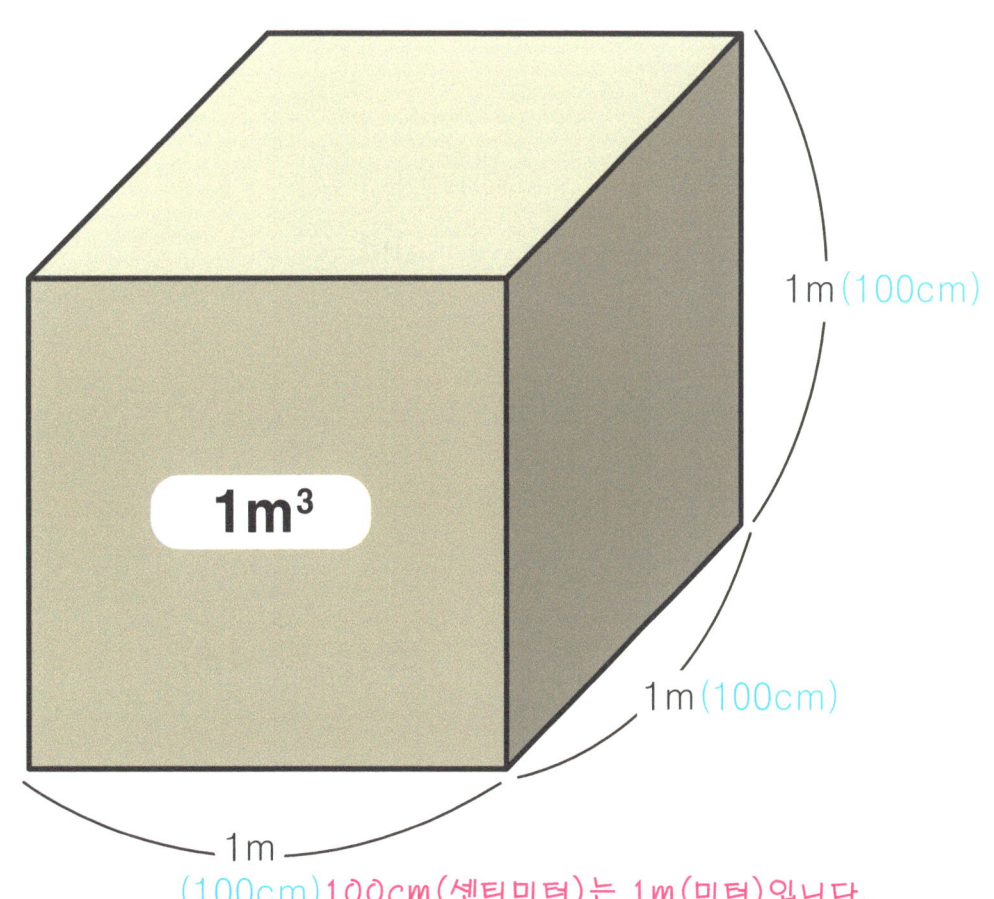

100cm(센티미터)는 1m(미터)입니다.

mL
밀리리터

부피 1cm³(세제곱센티미터)와 들이 1mL(밀리리터)의 크기입니다.

$$1cm^3 = 1mL$$

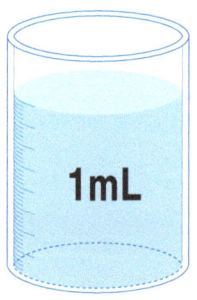

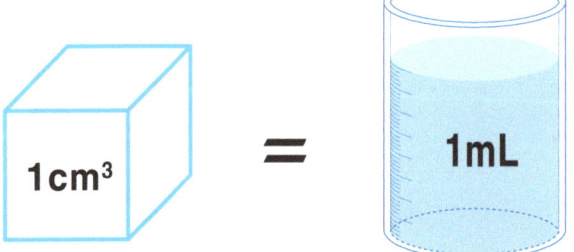

부피와 들이의 관계를 알아보아요.

부피와 들이의 연관성을 알아봅시다.

부피는 물체가 공간에서 차지하는 크기이고 들이는 용기 안의 크기입니다.

부피   들이

mL 밀리리터

1mL(밀리리터) 10개 들이의 양은 10mL(밀리리터)입니다.

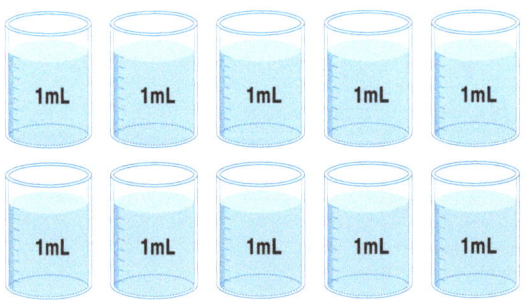

=
10mL

부피와 들이의 관계를 알아보아요.

부피와 들이의 연관성을 알아봅시다.

부피는 물체가 공간에서 차지하는 크기이고 들이는 용기 안의 크기입니다.

부피   들이

mL
밀리리터

mL(밀리리터)를 알아봅시다.

1mL(밀리리터) 10개 들이의 양은 10mL(밀리리터)입니다.

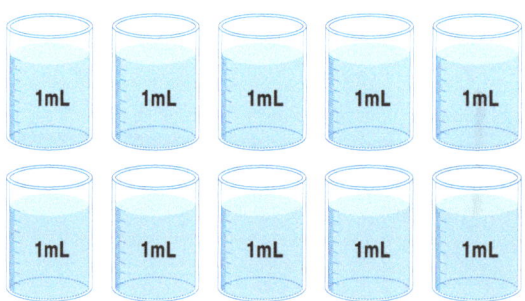

=

10mL

mL
밀리리터

mL(밀리리터)를 알아봅시다.

1mL(밀리리터) 주사약 10병을 넣으면 10mL(밀리리터)가 됩니다.

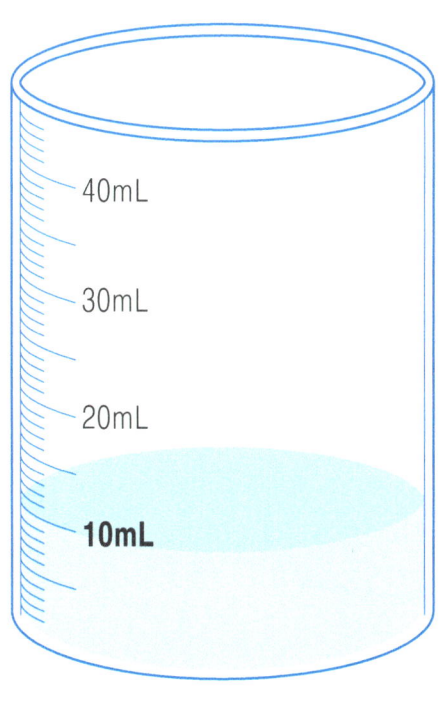
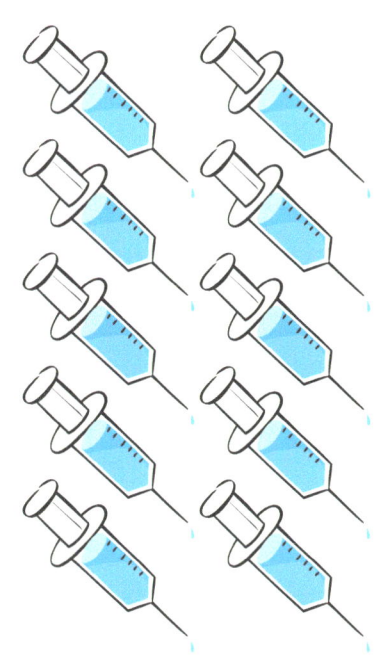

mL
밀리리터

mL(밀리리터)를 알아봅시다.

야쿠르트 1통의 양은 65mL(밀리리터)입니다.

mL
밀리리터

mL(밀리리터)를 알아봅시다.

비타민 음료 1병의 양은 100mL(밀리리터)입니다.

mL
밀리리터

mL(밀리리터)를 알아봅시다.

작은 우유 1팩의 양은 200mL(밀리리터)입니다.

mL
밀리리터

mL(밀리리터)를 알아봅시다.

작은 생수 1통의 양은 500mL(밀리리터)입니다.

mL
밀리리터

mL(밀리리터)를 알아봅시다.

큰 우유 1팩의 양은 1000mL(밀리리터)입니다.

mL
밀리리터

mL(밀리리터)를 알아봅시다.

큰 우유 1000mL(밀리리터)는 200mL(밀리리터)우유 5팩의 양과 같습니다.

dL
데시리터

dL(데시리터)를 알아봅시다.

dL(데시리터)는 mL(밀리리터)와 L(리터)사이의 단위입니다.

100mL(밀리리터)는 1dL(데시리터)입니다.

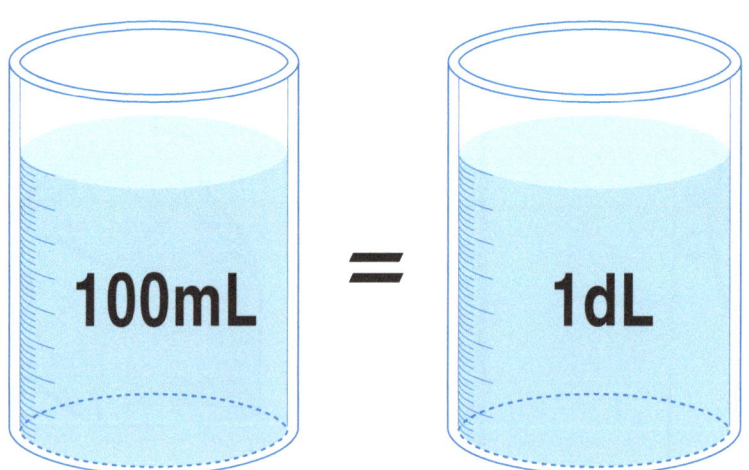

dL
데시리터

dL(데시리터)를 알아봅시다.

100mL = 1dL

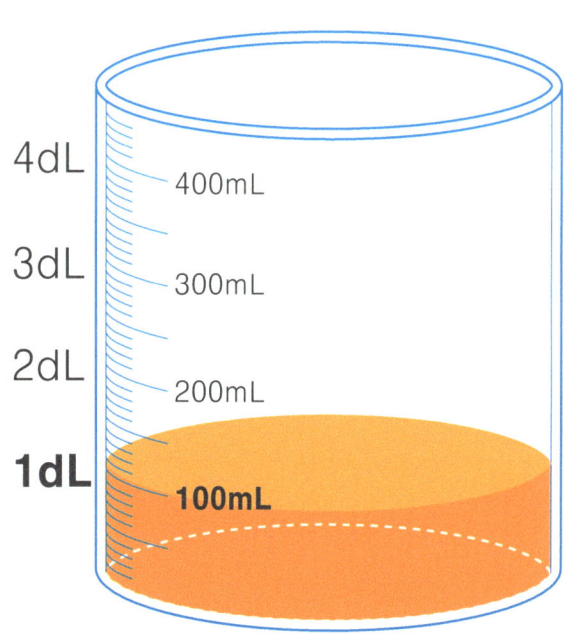

dL
데시리터

dL(데시리터)를 알아봅시다.

1000mL(밀리리터)는 10dL(데시리터)입니다.

1000mL = 10dL

dL
데시리터

1000mL = 10dL

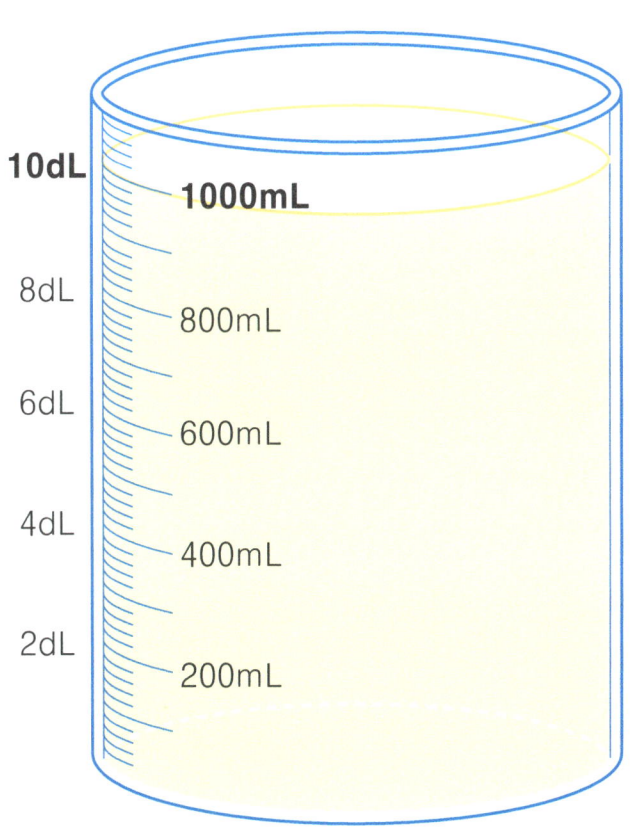

L 리터

1000mL(밀리리터)는 1L(리터)입니다.

1000mL = 1L

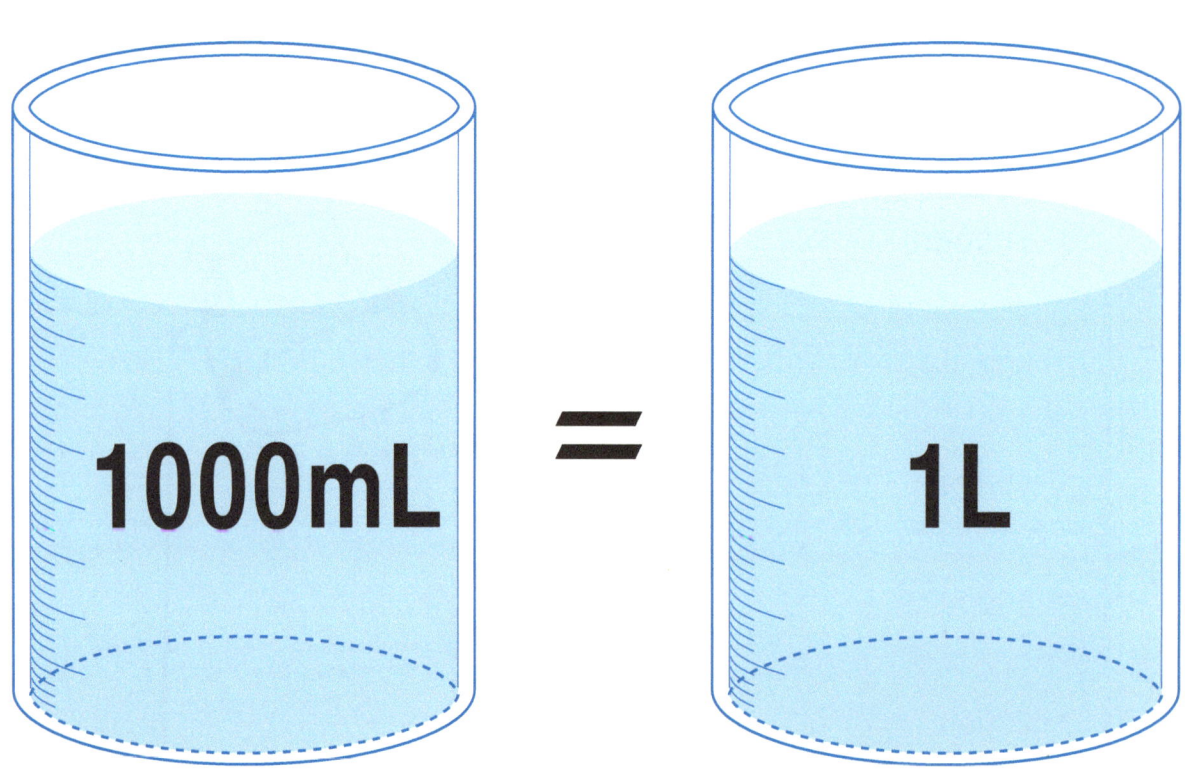

L
리터

큰우유 한팩은 1L(리터)입니다.

1000mL = 1L

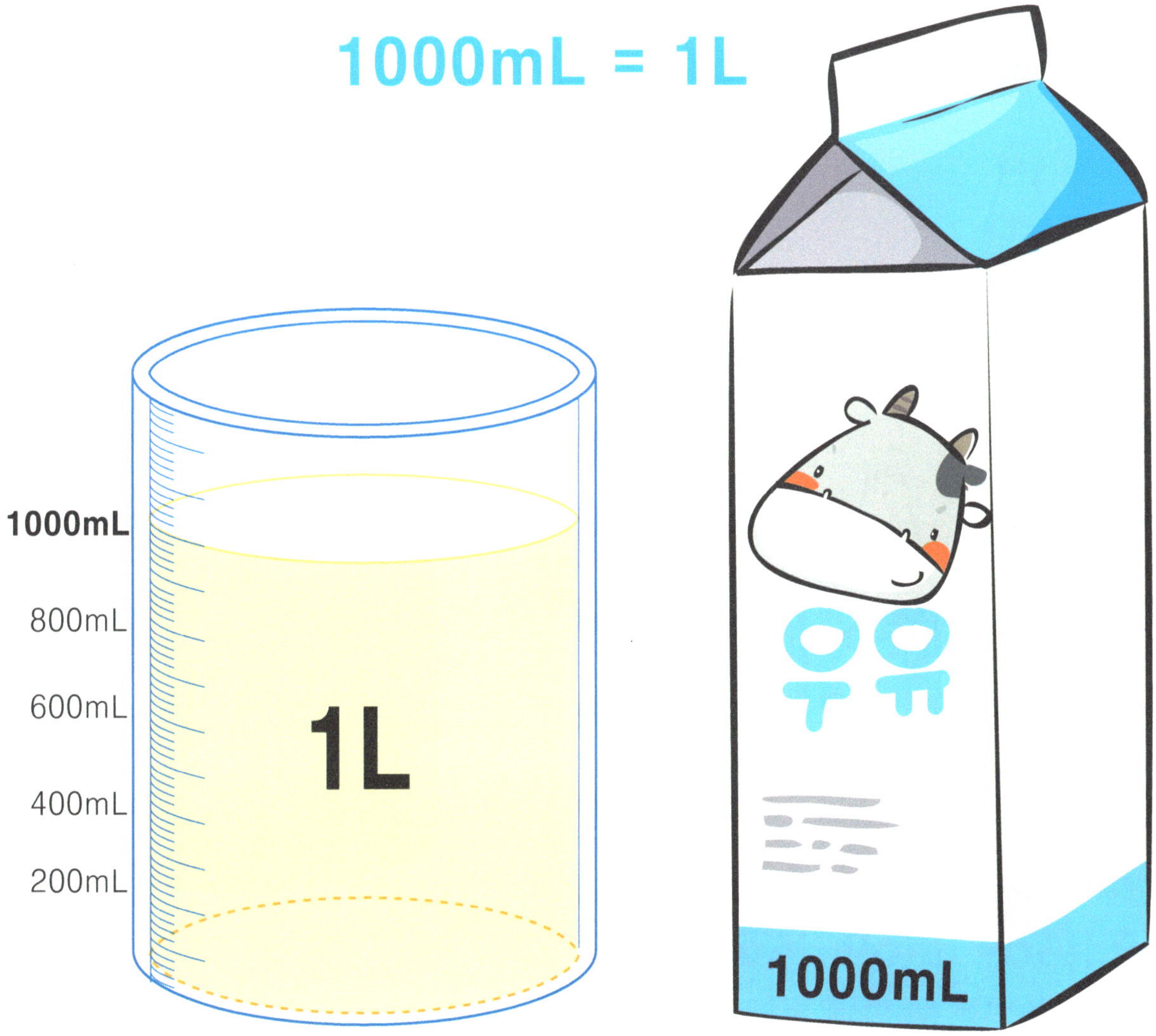

1L

L 리터

L(리터)를 알아봅시다.

비타음료 100mL(밀리리터) 10병은 1000mL(밀리리터)입니다.
1000mL(밀리리터)는 1L입니다.

1000mL = 1L

L
리터

L(리터)를 알아봅시다.

우유 200mL(밀리리터) 5팩은 1000mL(밀리리터)입니다.
1000mL(밀리리터)는 1L입니다.

1000mL = 1L

L
리터

생수 500mL(밀리리터) 2통은 1000mL(밀리리터)입니다.
1000mL(밀리리터)는 1L입니다.

1000mL = 1L

L
리터

큰 생수 한통은 2000mL(밀리리터)입니다.
2000mL(밀리리터)는 2L(리터)입니다.

2000mL = 2L

500mL생수 4통과 같습니다.

 =

mL, dL, L의
밀리리터　데시리터　리터
관계를 알아보아요.

각 단위끼리의 연관성을 알아봅시다.

1mL의 100배=1dL
100mL 비타음료 1병= 1dL

1mL의 1000배=1L
1000mL 큰우유 1팩 = 1L

1dL의 10배 =1L
100mL 비타음료 10병= 1L

mL, dL, L의 관계를 알아보아요.
밀리리터 데시리터 리터

1dL = 100mL

1L = 1000mL

1L = 10dL

물의 양
몸 속의 물

우리 몸의 양을 알아봅시다.

우리 몸은 거의 물로 채워져 있습니다.
피부나 장기 혈액 등등의 세포 안에 물이 채워져 있지요.

성인 남자 몸무게가 100kg이면
그 중에 물은 60% 즉, 60L예요.

성인 여자 몸무게가 60kg이면
그 중에 물은 50% 즉, 30L예요.

물의 양
몸 속의 물

우리 몸의 물의 양을 알아봅시다.

아기의 몸무게가 10kg이면 그 중에 물은 70% 즉, 7L예요.

동물의 몸도 거의 물로 채워져 있습니다.
피부나 혈액 등등의 세포 안에 물이 채워져 있지요.

강아지의 몸무게가 10kg이면 그 중에 물은 80% 즉, 8L예요.

물의 양
과일 속의 물

과일 속의 물의 양을 알아봅시다.

과일은 거의 물로 채워져 있습니다.
그래서 과일을 짜서 주스로 마시지요.

수박은 92%가 물이에요. 무게가 10kg이면 물의 양은 9.2L에요.

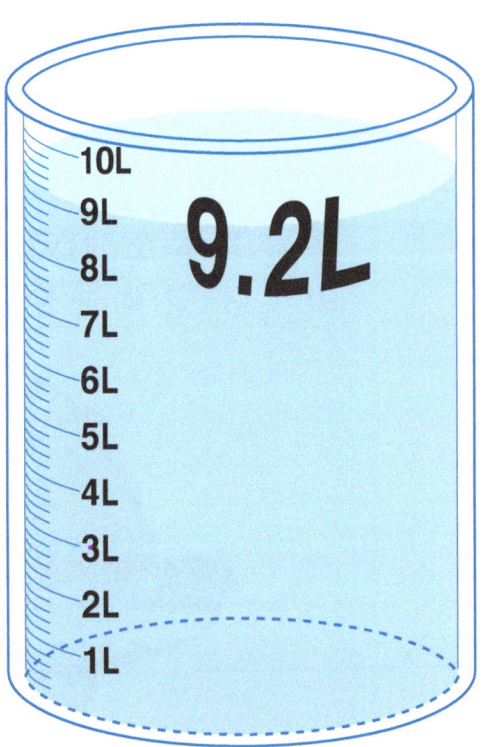

물의 양
과일 속의 물

과일 속의 물의 양을 알아봅시다.

오렌지, 배, 복숭아, 사과는 88%가 물이에요.
각각의 무게가 100g이면 물의 양은 88mL예요.

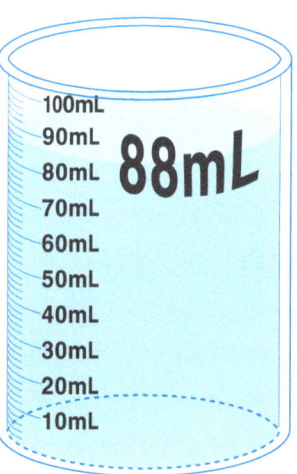

물의 양
야채 속의 물

야채 속의 물의 양을 알아봅시다.

야채나 채소는 과일보다 물의 양이 많아요.

오이와 애호박, 배추는 95%가 물이에요.
무게가 100g이면 물의 양은 95mL나 돼요.

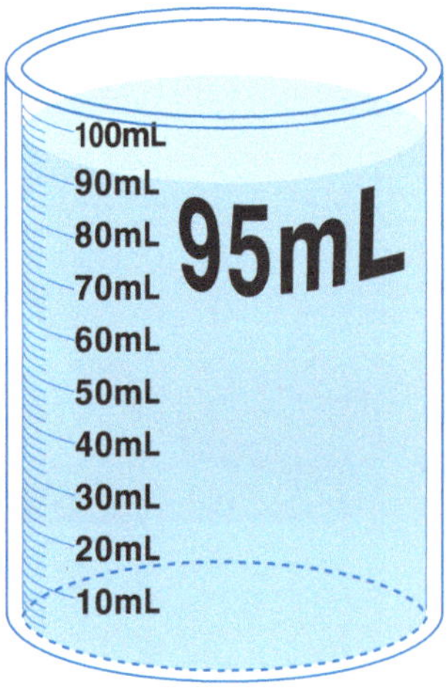

물의 양
우유 속의 물

우유 속의 물의 양을 알아봅시다.

우유나 두유도 거의 물로 이루어져 있습니다.

우유는 90%가 물이에요.
100mL 중에 물의 양은 90mL나 돼요.

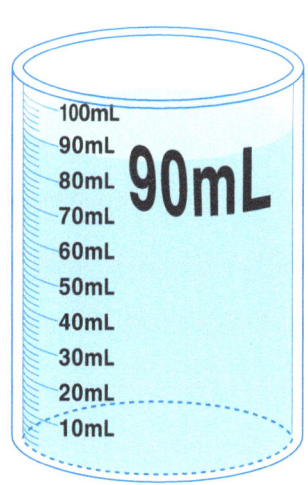

또 다른 들이 단위는?
CC(씨씨)

1cc의 양은 1mL랑 같습니다. cc는 00으로 보일 수도 있어서 권장하는 단위는 아니지만 우리 주변에서 많이 사용되고 있습니다.

$1cm^3$ = 1mL = 1cc

또 다른 들이 단위는?
CC(씨씨)

요리할 때 사용하는 계량컵이나 계량 스푼은 cc를 주로 사용합니다.

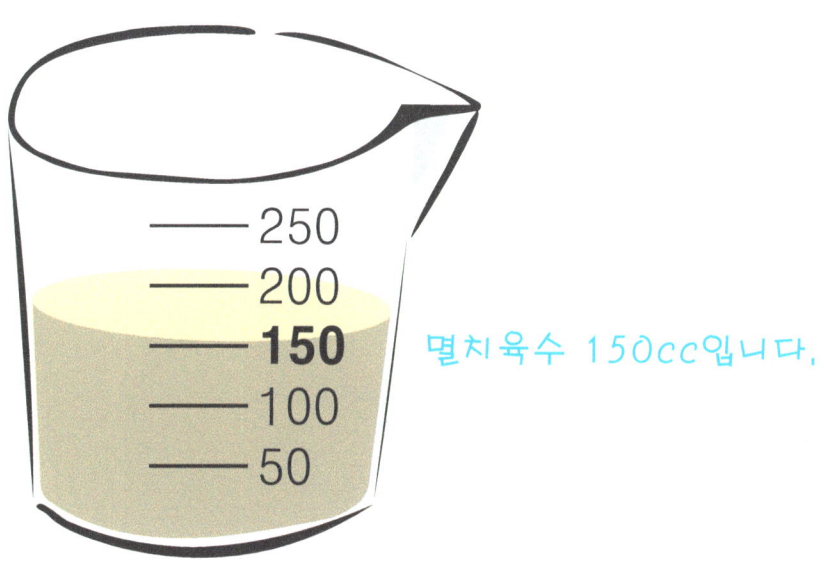

멸치육수 150cc입니다.

설탕 1큰술과 1작은술입니다.

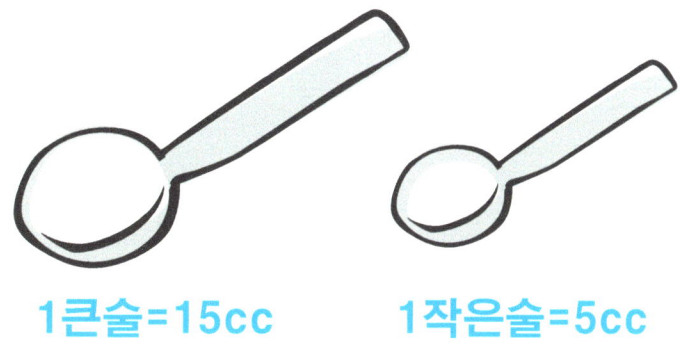

1큰술=15cc   1작은술=5cc

눈금이 있는 용기
주사기, 눈금실린더, 비커, 계량컵

양을 정확히 재야하는 것들은 용기에 눈금이 있습니다.
어떤 용기들이 눈금이 있을까요?

약물의 양은 아주 정확해야 합니다.
정해진 양보다 많이 넣으면 큰일나지요.
1mL 주사기에는 0.1mL부터 아주 촘촘히
눈금이 그려져 있습니다.

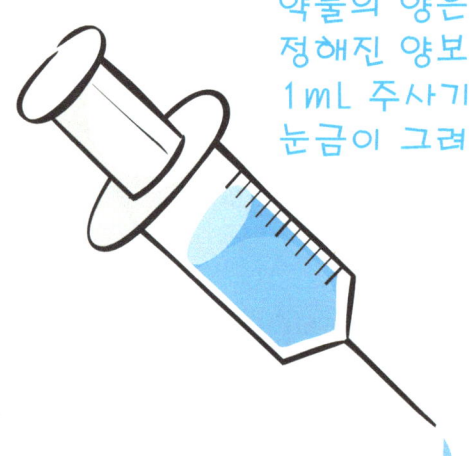

주사기

실험을 할 때 들어가는 약품들도
양이 정확해야 합니다.
눈금 실린더로 아주 정확하게
양을 측정하여
실험을 할 수 있습니다.

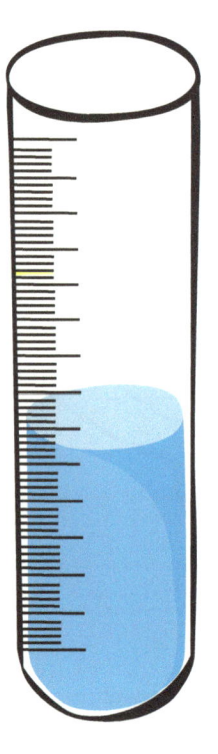

눈금 실린더

눈금이 있는 용기
주사기, 눈금실린더, 비커, 계량컵

실험을 할 때 사용하는 비커도 눈금이 있지요.

비커

음식을 할 때 양을 재는 계량컵은 용도에 따라 크기가 여러 가지예요. 100mL짜리도 있고 3000mL처럼 큰 것도 있어요.

계량컵

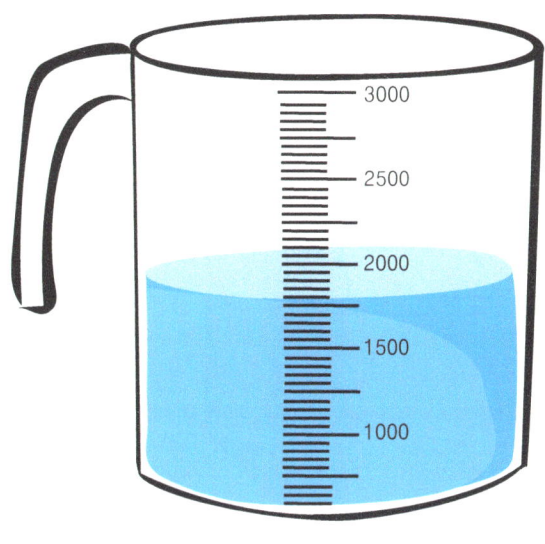
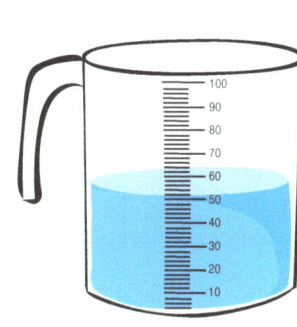

우리나라에서 사용한 들이를 나타내는 단위는?
홉, 되, 말, 섬

홉이나 되, 말, 섬(석)은 들어가는 곡물에 따라 무게가 달라집니다. 깨나 좁쌀같은 작은 알갱이는 많이 들어가고 쌀이나 콩같은 큰 알갱이는 적게 들어가서 양이 들쭉날쭉했지요.

한홉은 180mL입니다.

한되는 1.8L입니다.

옛날에는 인심이 많아서 넘치게 담아 주었어요.

우리나라에서 사용한 들이를 나타내는 단위는?
홉, 되, 말, 섬

홉이나 되, 말, 섬(석)은 들어가는 곡물에 따라 무게가 달라집니다. 깨나 좁쌀같은 작은 알갱이는 많이 들어가고 쌀이나 콩같은 큰 알갱이는 적게 들어가서 양이 들쭉날쭉했지요.

한 말은 18L입니다.

한 섬(석)은 180L입니다.

'천석꾼'이란 말처럼 곡식 천 석을 거두어들일만큼 부자를 비유적으로 이르는 말도 있지요.

차례

무게 · 5쪽

그램 **g**
킬로그램 **kg**
톤 **t**

마이크로그램(μg)
캐럿(ct)
근, 관, 돈,

시간 · 33쪽

초 **s**
분 **min**
시 **h**
일 **d**

주, 월, 년, 세기

온도 · 59쪽

섭씨온도 °C
화씨온도 °F
절대온도 k
켈빈

속도 · 81쪽

초속거리 m/s
시속거리 km/h
노트(kt)

아주 쉬운 단위놀이 한마당.1

1판 발행일 : 2023년 10월 20일

지은이 : 한버공

펴낸 곳 : 청송문화사

　　　　　서울시 중구 수표로 2길 13

홈페이지 : www.kidzone.kr

E-mail : kidlkh@naver.com

전화 : 02-2279-5865

팩스 : 02-2279-5864

등록번호 : 2-2086 / 등록날짜 : 1995년 12월 14일

가격 : 16000원

잘못 인쇄된 책은 서점이나 본사에서 바꿔 드립니다.